Ingrid Engel

Lass Dir den Apfel nicht madig machen

Theologische Frauenforschung
(bis Band 4 herausgegeben
von Dr. Leonore Siegele-Wenschkewitz †)

Band 5

Ingrid Engel

Lass Dir den Apfel nicht madig machen

Eva und die heiligen Frauen

Centaurus Verlag
Herbolzheim 2007

Zur Autorin:
Ingrid Engel, geb. 1938, Dr. theol., Pfarrerin im Ruhestand, war als Pastorin in verschiedenen Gemeinden, in Schulen und im Industriepfarramt tätig. Sie ist nach ihrer Pensionierung in der Frauenarbeit der ev.-luth. Landeskirche Hannover beschäftigt, leitet Seminare und Gruppen feministischer Theologinnen und bietet Kirchenführungen zu den heiligen Frauen sowie Begleitung auf Pilgerwegen durch Frauenklöster an.

Veröffentlichungen: Gottesverständnis und sozialpolitsches Handeln. Eine Untersuchung zu Friedrich Naumann / Bebauen und Bewahren. Biblisches Arbeitsverständnis und die Arbeit heute.

Die Deutsche Bibliothek – CIP-Einheitsaufnahme

Bibliographische Information der Deutschen Bibliothek:
Die deutsche Bibliothek verzeichnet diese Publikation in der
Deutschen Nationalbibliographie; detaillierte bibliographische Daten
sind im Internet über http://dnb.ddb.de abrufbar.

ISBN 978-3-8255-0683-4

ISSN 1612-2739

Alle Rechte, insbesondere das Recht der Vervielfältigung und Verbreitung sowie der Übersetzung, vorbehalten. Kein Teil des Werkes darf in irgendeiner Form (durch Fotokopie, Mikrofilm oder ein anderes Verfahren) ohne schriftliche Genehmigung des Verlages reproduziert oder unter Verwendung elektronischer Systeme verarbeitet, vervielfältigt oder verbreitet werden

© *CENTAURUS Verlags-GmbH. & Co. KG, Herbolzheim 2007*

Umschlaggestaltung: Jasmin Morgenthaler
Umschlagabbildung: Hinrik Levenstede, *Anna selbdritt*,
　　　　　　　　　St. Johanniskirche Lüneburg, 1510.
　　　　　　　　Photo: Karsten Schmaltz, Lüneburg.
Druck: primotec-printware, Herbolzheim

Inhaltsverzeichnis

Vorwort: Mein Weg zu den heiligen Frauen 7
Danksagung 11
Einleitung: Situationen von Frauen in verschiedenen
 Jahrhunderten 13

I. Kapitel:
Eva, die große Sünderin – Eva, die Heilige –
Eva, die Mutter aller Lebenden 19

1. Eva, die große Sünderin 19
Eva im Ersten (Alten) Testament 19 · Die sogenannte Sündenfall-
geschichte 20 · Die Frau in der ersten Schöpfungserzählung 23 · Exkurs:
Das Frauenbild der Hildegard von Bingen 24 · *Eva in den Legenden 27* ·
Eva im Neuen Testament 28

2. Eva neben Maria, der neuen Eva 30
Die Erlösung der Menschheit durch Christus und Maria 30 · *Eva, die
dunkle Folie, auf der Maria glänzt 32* · *Maria und die Sexualität 35* ·
Und doch finden Frauen Hilfe bei Maria 37

3. Eva als Heilige 38

4. Eva, die Mutter aller Lebenden (heutige Exegese von 1. Mose 1-3) 41

II. Kapitel:
Die heiligen Frauen – ein positives Gegenbild zum
negativen Eva- und Frauenbild der Kirche 48

1. Die heilige Katharina – eine große Predigerin 48
Exkurs 48 · *Legende 49* · *Katharina, eine integre und hochverehrte
Frau 53* · *Legende 53* · *Die Darstellungen der heiligen Katharina 55* · *Die
Verehrung der heiligen Katharina und verschiedene Göttinnen-
traditionen 57* · *Die Verehrung der heiligen Katharina als Hilfe für
Frauen und Männer im alltäglichen Leben 61*

2. Die heilige Barbara und die Vergebung der Sünden 63
Legende 63 · *Das Frauenbild der Legende der heiligen Barbara als
Gegenbild zum Frauenbild der Kirche des Mittelalters 65* · *Weitere Motive
der Verehrung der heiligen Barbara 66* · *Darstellungen 66* · *Brauchtum
und Patronate 70* · *Die Barbarazweige 70* · *Die Bedeutung der Zahl drei bei
Barbara 72* · *Der Turm als Marterwerkzeug und spiritueller Ort 74* ·

Barbara als Schutzheilige des Bergbaus 74 • Barbara und der Pulverraum von französischen Kriegsschiffen 75 • Barbara und das Abendmahl 75 • Barbara und die Vergebung der Sünden 76

3. Die heilige Margareta als Helferin bei schweren Geburten 78
Die Legende der heiligen Margareta 78 • Die heilige Martha als Drachenbezwingerin 79 • Georg und der Erzengel Michael als Drachenbezwinger 80 • Darstellungen 81 • Die unterschiedlichen Waffen: Schwert und Gürtel 83 • Die heilige Margareta als Schutz bei schweren Geburten 87

4. Die heilige Ursula und der Friede 89
Legende 89 • Von der Legende zu einem Roman 90 • Die Zahl 11.000 92 • Der Name Ursula 92 • Der Pfeil als Marterwerkzeug und als Symbol der Macht über den Tod 95 • Ursula, eine Frau des Friedens 97 • Darstellungen 99 • Die Erzähler der Legenden 100

5. Die Mutter und Großmutter Jesu als heilige Frauen 102
Maria – Jungfrau und Gottesgebärerin 102 • Die Geburt Jesu 102 • Die Mariendogmen der Kirche 104 • Maria und die Göttinnenverehrung 105 • Die stillende Maria 106 • Maria als mater dolorosa 108 • Maria als Himmelskönigin 110 • Maria als Schutz Spendende 115 • Die heilige Anna mit dem Korb voller Äpfel 117 • Legende 117 • Der Name Anna 118 • Anna selbdritt 119 • Die heilige Anna mit einem Korb voller Äpfel 122 • Das Apfelsymbol im außerbiblischen Zusammenhang 124 • Emerentia, die Urgroßmutter Jesu 129 • Die heilige Sippe 130 • Anna, eine verheiratete Frau und Mutter dreier Töchter, als Heilige 134

Legenden und Märchen 136

Eva und die heiligen Frauen 140
Die Folgen der Gegenüberstellung von Maria und Eva 140 • Auswirkungen der Verehrung der heiligen Frauen auf Eva und die Frauen 140 • Die Rückgewinnung des Apfels bei der heiligen Anna 141 • Wurzeln der Verehrung heiliger Frauen 142 • Die Auswirkungen der Reformation auf die Verehrung der heiligen Frauen 142 • Legenden und die soziale Situation 142 • Das Kirchenverständnis der Legenden 144 • Legenden und Geschichte 144

Schluss: Die Wiederentdeckung der heiligen Frauen als Gewinn für uns heute 147

Literatur 151

Vorwort: Mein Weg zu den heiligen Frauen

Meine Urgroßmutter lebte in Borganie (heute Borzygniew) am Zobten in Schlesien. Die Gegend ist katholisch. Meine Urgroßmutter aber war evangelisch, was ich erst sehr spät erfahren habe. Ich hielt sie für katholisch, weil ich folgende Geschichte von ihr kannte:

Meine Urgroßmutter wanderte immer über den Berg ins Nachbardorf, um ihre Rente abzuholen. Eines Tages ging sie wieder dorthin. Dieses Mal sollte sie auch für eine Nachbarin die Rente mitbringen. Meine Urgroßmutter erledigte ihre Geldgeschäfte, dann begab sie sich auf den Heimweg. Oben auf dem Berg stand eine Bank. Meine Urgroßmutter setzte sich, sie war müde. Dann machte sich an den Rest des Heimwegs. Zu Haus stellte sie fest, dass sie ihre Tasche mit dem Geld nicht hatte, sie hatte sie vermutlich auf der Bank liegen lassen. Ihre Rente, das Geld für den ganzen Monat und die Rente der Nachbarin!

Meine Urgroßmutter betete zum heiligen Antonius: heiliger Antonius hilf, heiliger Antonius hilf! Sie wusste, der heilige Antonius ist zuständig für das Finden. Meine Urgroßmutter rannte, ging schnell, rannte den Berg hoch, immer ein Stoßgebet zum heiligen Antonius auf den Lippen.

Die Tasche lag auf der Bank und darin die Rente für die Urgroßmutter und die Rente der Nachbarin. Meine Urgroßmutter schickte nun Dankgebete zum Himmel, wieder zum heiligen Antonius.

Die Nähe zu Heiligen ist in unserer konfessionell sehr bunt gemischten Familie unterschiedlich, aber diese Geschichte geht allen sehr nah. Wir sind nach Jahrzehnten noch froh, dass die Urgroßmutter das Geld wiedergefunden hat.

Hatte das etwas mit dem heiligen Antonius zu tun? Hatte er geholfen?

Diese Frage hat sich mir nie gestellt. Es war einfach sehr schön, dass diese Geschichte so gut ausgegangen ist.

Ich gehöre zu dem evangelischen Zweig unserer Familie, der erst einmal keine Nähe zu Heiligen hat. Ich verspürte immer einen leichten Neid auf solche Verehrung der Heiligen.

Als Studentin lernte ich das Gedicht von Christian Morgenstern[1] kennen:

Der Hecht

Ein Hecht, vom heiligen Anton
bekehrt, beschloß, samt Frau und Sohn,
am vegetarischen Gedanken
moralisch sich emporzuranken.

---
[1] Christian Morgenstern, Alle Galgenlieder, Wiesbaden 1947, S. 51.

Er aß seit jenem nur noch dies:
Seegras, Seerose und Seegrieß.
Doch Grieß, Gras, Rose floß, o Graus,
entsetzlich wieder hinten aus.

Der ganze Teich ward angesteckt.
Fünfhundert Fische sind verreckt.
Doch Sankt Anton, gerufen eilig,
sprach nichts als „Heilig! heilig! heilig!"

Dieses Gedicht hat mir gut gefallen, der leichte Spott amüsierte mich. Doch meiner Freude war immer eine leichte Trauer beigemischt. Ich bedauerte den heiligen Anton etwas!

Lange hatte ich keine weiteren Berührungen mit den Heiligen. In meinem Studium der evangelischen Theologie kamen Heilige nicht vor, auch Maria war kein Thema.

Ich gehöre noch in die Generation von Theologinnen, die den Weg ins Pfarramt erkämpfen mussten. Als ich 1967 meine Ausbildung beendete, war mir nicht gestattet, als Pastorin in der Gemeinde zu arbeiten, weil ich verheiratet war. Verheiratete Frauen durften damals nicht Pastorin werden. Die evangelische Kirche hatte so etwas wie eine Zölibatsklausel für Frauen, die erst im Jahr 1969 aufgehoben wurde.

Wir Theologinnen waren froh, dass wir den Weg in die Gemeinden schließlich geschafft hatten, und wir stürzten uns in die Arbeit.

Allmählich merkten wir, dass wir in der Kirche arbeiten konnten, predigen konnten, aber dass wir in einer männlichen Kirche lebten und arbeiteten. Uns wurde bewusst: als Frauen denken, glauben und predigen wir anders.

Auf einmal fielen mir die vielen frauenfeindlichen Geschichten aus der Kirchengeschichte und die frauenfeindlichen Texte in der Bibel auf.

Die Geschichte mit Eva erregte als erste meinen Ärger.

Schlimm fand ich die Behauptung, dass Eva dem Adam untergeordnet sei. Ärgerlich fand ich die Interpretation von Eva und Adam im Neuen Testament (1. Timotheus 2,11 ff), in der Eva alle Schuld am Sündenfall gegeben wird und gesagt wird, Adam habe sich nicht verführen lassen. Das hat mich als Frau verletzt und als Theologin herausgefordert.

Und dann entdeckte ich – erst nach meiner Pensionierung auf einer Fahrt, die das Frauenwerk von Mecklenburg-Vorpommern zu den heiligen Frauen in den Kirchen Mecklenburg-Vorpommerns veranstaltete – die heiligen Frauen, diese schönen, jungen, moralisch so integren Frauen. Sie passten gar nicht in die Vorstellung, die die Kirche des Mittelalters von Evas Töchtern hatte.

Ich wollte die heiligen Frauen näher kennen lernen, und ich wollte auch anderen Frauen dazu verhelfen, sie zu entdecken.

Später wurden die heiligen Frauen mir auch für die Männer wichtig. Handelt es sich bei Frauen doch immer um Mütter auch von Männern, um Ehefrauen und um Töchter auch von Vätern.

Mein Interesse an den heiligen Frauen machte weitere Entwicklungen durch. Zuerst dachte ich, allein wir ProtestantInnen müssten die heiligen Frauen entdecken. Aber bei näherer Beschäftigung merkte ich, auch KatholikInnen müssen heute ihre heiligen Frauen wieder entdecken und neu sehen lernen. Denn auch KatholikInnen haben heute nur noch wenig Beziehungen zu heiligen Frauen. Auch KatholikInnen ist nicht bekannt, dass mit den heiligen Frauen ein durchgängig positives Frauenbild tradiert wird.

Dieses Buch macht sich neu auf die Suche nach den heiligen Frauen. Dabei wird schließlich auch Eva neu entdeckt.

Dank

Durch viele Menschen habe ich Anregungen für meine Arbeit über Eva und die heiligen Frauen bekommen, und wiederum haben mir viele geholfen, die Arbeit fertigzustellen. Ich möchte ihnen allen danken.

Zuerst danke ich Frau Astrid Utpatel-Hartwig, die die im Vorwort erwähnte Fahrt zu den heiligen Frauen in den Kirchen Mecklenburg-Vorpommerns, auf der ich die heiligen Frauen entdeckte, geleitet hat.

Weiter danke ich Herrn Karsten Schmaltz. Er ist als interessierter und kundiger Fotograf mit mir durch die Kirchen in Lüneburg und im Umkreis von Lüneburg gegangen und hat die mir wichtigen heiligen Frauen fotografiert.

Ich danke den vielen Frauen, die in Frauenkreisen oder bei Kirchenführungen ihr Interesse an den heiligen Frauen entdeckt und mit mir zusammen daran gearbeitet haben, sie neu zu sehen. Ich danke Frau Annegret Stankowski, der Leiterin der Adendorfer Bücherei, die mir Zugang zur gesamten benötigten Literatur verschafft hat. Sie hat auch – zusammen mit Frau Almut Beitze und Frau Johanna Linz – mit Geduld und Sachverstand das Manuskript in den verschiedenen Phasen begleitet, mir viele Anregungen gegeben und schließlich Korrektur gelesen. In der ganzen Zeit der Arbeit hat mir Frau Katrin Mercker viel Zuwendung und sachverständige gute Ratschläge gegeben und Interesse am Fortkommen der Arbeit gezeigt.

Besonders danke ich meinem Mann Peter und unseren Kindern Nicole und Hans Jakob, die ebenfalls mit Sachverstand und Freundlichkeit und Humor meine ganze Arbeit begleitet haben und mir vor allem halfen, die technischen Probleme bei der Erstellung der Druckvorlage zu bewältigen.

Ich danke den Damen und Herren der verschiedenen Museen, die sich bemüht haben, dass ich die Reproduktionsrechte der Bilder und die Bildvorlagen erwerben konnte.

Ich danke denen, die Zeit, Phantasie und ihre Kenntnisse in die Ermöglichung der Drucklegung des Manuskriptes gesteckt haben. Da sind besonders zu nennen: Frau Landesbischöfin Dr. Margot Käßmann, Herr Superintendent Dr. Christoph Wiesenfeldt und Herr Klaus Rudert von der katholischen Gemeinde in Adendorf.

Beim Aufbringen meines Anteils der Druckkosten und der Kosten für den Erwerb der Reproduktionsrechte bekam ich wiederum Hilfe: Herr Dr. Wiesenfeldt, Frau Christa Holste, Gleichstellungsbeauftragte der Stadt Lüneburg, und Herr Friedhelm Pannhorst haben sich engagiert.

Ihre Bemühungen hatten zur Folge, dass Frau Maier-Knapp-Herbst, Präsidentin der Klosterkammer Hannover einen Zuschuss zu den Druckkosten bewilligt hat und ebenso Herr Professor Fischer einen Betrag der Professor Fischer-Stiftung.

Diese Zuschüsse haben wesentlich den Druck ermöglicht, dafür danke ich herzlich.

Schließlich danke ich dem Centaurus Verlag, der den Druck und den Vertrieb dieses Buches übernommen hat. Besonders danke ich Frau Britta Schulz, die den ganzen Prozess der Drucklegung freundlich und kompetent in der ganzen Zeit geleitet und begleitet hat.

Ingrid Engel

Einleitung:
Situationen von Frauen in verschiedenen Jahrhunderten

Im Mittelalter haben die Menschen heilige Frauen hoch verehrt. So wurde die heilige Katharina zur Patronin von Paris, die Bergleute wählten die heilige Barbara als ihre Patronin. Die Städte Köln und Lüneburg verehrten die heilige Ursula als ihre Stadtpatronin.

Diese heiligen Frauen haben ganz unterschiedliche Fähigkeiten und Kräfte. Der heiligen Barbara traut man sich mit der Bitte um Vergebung von Sünden an, sie wird als Überbringerin des Sterbeabendmahls angesehen. Die heilige Katharina kann in allen Nöten mit der Hoffnung auf Hilfe angerufen werden, und die heilige Margareta steht den Frauen bei schweren Geburten zur Seite.

Gleichzeitig und ganz im Gegensatz zu dieser Verehrung heiliger Frauen ist das generelle und offizielle Bild der Frau aber das der Sünderin. Sie gibt bei der Geburt den Kindern die Erbsünde weiter, und sie ist den Männern nachgeordnet, ja ihnen gegenüber minderwertig.

Diesem Widerspruch zwischen hoher religiöser Verehrung von Frauen auf der einen Seite und dem ebenfalls religiös geprägten, ja sogar dogmatisch fixierten abwertenden Bild der Frau im Allgemeinen auf der anderen Seite soll in diesem Buch nachgegangen werden.

Dabei verfolge ich kein historisches Interesse, sondern ich versuche, die Wurzeln für unser heutiges Frauenverständnis aufzudecken und entdecke in dem positiven Frauenverständnis, das in der Verehrung der heiligen Frauen sichtbar wird, einen Gewinn für Frauen und Männer heute.

Um einen ersten Einblick in die Situation von Frauen zu geben, erzähle ich drei Geschichten.

Die erste Geschichte spielt im Kloster Lüne bei Lüneburg im Jahr 1499. Im Teppichmuseum im Kloster hängen heute noch zwei Banklaken, die die Legende der heiligen Katharina erzählen. In zweiundzwanzig Bildern haben die Nonnen diese Geschichte gestickt. Die Banklaken wurden um 1500 fertig gestellt.

Ich stelle mir folgende Szene im Kloster vor: im Refektorium des Klosters, durch dessen Fenster das Licht hereinflutet, sitzen acht Nonnen an einem langen Tisch. Vor sich haben sie ein großes Leinentuch, es ist zum Teil schon mit bunten Bildern bestickt, der übrige Teil ist noch weiß.

Neben sich haben die Nonnen in Bündeln die Wolle, die sie heute zum Sticken brauchen. Aus vierzehn Tönen müssen sie jeweils auswählen. Die Wolle ist im Kloster selbst gesponnen und gefärbt worden.

Die Nonnen sticken am ersten Banklaken des Katharinenteppichs.

Mit einem kleinen Seufzer der Erleichterung sagt die Domina Sophie von Bodendike: „So, nun haben wir das Bild mit den fünfzig Gelehrten, die zum römischen Kaiser kommen, fertig. Heute beginnen wir mit dem elften Bild, das zeigen soll, wie diese fünfzig Gelehrten sich durch die Predigt der Katharina zum christlichen Glauben bekehren."

Die Nonnen wählen die Farben: blau für das Gewand der Katharina und gelb für ihre langen Haare. Mit der Farbe rot wird der Hintergrund gestickt.

Für mich strahlt die Runde der Nonnen trotz eifriger Arbeit Ruhe und Zufriedenheit mit der eigenen Rolle als Frau aus, wirken die Nonnen doch mit an der Gestaltung der Geschichte einer hoch verehrten Frau, der heiligen Katharina.

Die zweite Geschichte spielt 1404 in Paris: Im Mittelpunkt steht eine Frau, Christine de Pizan, eine bekannte Schriftstellerin.

Christine de Pizan
in ihrer Studierstube[2]

---

[2] Christine de Pizan, Das Buch von der Stadt der Frauen, 3. Aufl., München 1990, Titelseite.

Auf dem Bild sitzt Christine de Pizan an ihrem Schreibtisch, sie trägt ein blaues Kleid. In der rechten Hand hält sie eine Feder, sie schreibt aber nicht, sondern blickt aus dem Bild. Christine sitzt auf einem Holzstuhl, neben ihrem Stuhl hockt ein kleiner Hund. Das blaue Kleid ist das Witwenkleid, auf dem Kopf trägt Christine einen Schleier.

Christines Mann Etienne du Castel starb 1390 an einer Epidemie, ihr Vater war schon 1387 verstorben. Christine bleibt allein zurück. Sie muss ihren Lebensunterhalt und den ihrer drei Kinder durch Schreiben verdienen.

1404 schreibt Christine an ihrem Buch: Das Buch von der Stadt der Frauen.[3] Sie notiert: „Wenn es nun stimmt, teurer göttlicher Herr, und das weibliche Geschlecht wirklich ein Ausbund aller Schlechtigkeit ist, wie es so viele Männer bezeugen (und du sagst selbst, das Zeugnis vieler trage zur Glaubwürdigkeit bei), weshalb sollte ich daran zweifeln? Ach, Gott, warum ließest Du mich nicht als Mann auf die Welt kommen, damit ich Dir mit meinen Gaben besser dienen könnte, damit ich mich niemals irrte und ich überhaupt so vollkommen wäre, wie es der männliche Mensch zu sein vorgibt?"

Christine hat nicht nur die Aufgabe, allein den Lebensunterhalt für ihre Familie zu beschaffen, sie muss obendrein die massive Verachtung der Frau bewältigen.

Gegen ihre bedrückenden Erfahrungen schreibt Christine de Pizan „Das Buch von der Stadt der Frauen", in dem drei Frauen, Frau Vernunft, Frau Rechtschaffenheit und Frau Gerechtigkeit, Christine den Auftrag geben, eine Stadt der Frauen zu bauen. Diese Stadt, die Christine unter den Schutz der Maria stellt, soll ein Ort der Zuflucht der Frauen sein gegen die Schar der boshaften Belagerer.

Christine hat Mut und Kraft aus ihrer Vision der Stadt der Frauen bekommen, und sie hat es geschafft, mit ihrer Schriftstellerei ihren Lebensunterhalt zu verdienen.

Die dritte Geschichte spielt in Adendorf bei Lüneburg im Jahr 2001.

Es ist ein Gespräch in einem ökumenischen Frauengesprächskreis über die Rolle der Frau im Neuen Testament.

„Eine Frau lerne in der Stille mit aller Unterordnung" stellt der 1. Timotheusbrief fest, informiere ich die Frauen.

Die Frauen werden unruhig, reden ärgerlich, auch spottend miteinander.

Ich fahre fort: „Der Schreiber des Briefes[4] entnimmt die Begründung für seine Meinung dem Alten Testament, der Schöpfungserzählung. Dort liest er, Adam wurde zuerst gemacht, danach Eva."

---

[3] Ebd., S. 37. Christine de Pizan lebte von 1365 bis 1430.
[4] Der Schreiber des Briefes ist unbekannt, er gehört zur Schule des Paulus. Im Neuen Testament wird Paulus selbst als Schreiber genannt.

Die Frauen werden lebhafter.

„Es geht noch weiter", sage ich: „Der Schreiber gibt noch eine weitere Begründung, warum die Frauen sich unterordnen müssen. Adam wurde nicht verführt, die Frau aber hat sich zur Übertretung verführen lassen."

Die Stimmung in der Gruppe schwankt zwischen Belustigung, Verblüffung und Entsetzen.

„Das ist doch heute auch noch so. Mein Bruder durfte studieren. Ich musste schwer im Haushalt arbeiten. Und geliebt hat meine Mutter den Bruder. Ich galt ihr nichts", platzt schließlich eine Frau heraus.

„Als ich geboren wurde, war mein Vater so enttäuscht, dass es wieder ein Mädchen war, dass er meiner Mutter nicht einmal einen Blumenstrauß geschenkt hat. Erst seine Mutter hat ihn schließlich rumgekriegt, meiner Mutter zur Geburt ihrer Tochter doch noch mit einem Blumenstrauß zu gratulieren", erzählte eine zweite Frau.

„Als meine Schwägerin geboren wurde", sagt eine dritte Frau, „hatten meine Schwiegereltern keinen Namen für sie. Sie hatten fest mit einem Jungen gerechnet. Noch in der Zeitung zeigten sie nur an, dass ihnen eine Tochter geboren wurde."

„Ich werde immer noch richtig zornig, wenn ich diesen Timotheusbrief lese", sage ich.

Jahrhunderte liegen zwischen diesen drei Geschichten.

Sehr unterschiedlich ist die Gemütsverfassung der Frauen. Christine de Pizan ist voller Verzweiflung über die abgrundtief schlechte Meinung, die von Männern über Frauen vertreten und verbreitet wird.

Die Nonnen im Kloster besticken, so stelle ich mir vor, in großer Ruhe ihre Banklaken mit der Legende der heiligen Katharina. Sie identifizieren sich in ihrer Handarbeit mit Katharina, dieser verehrten Frau und ihrer Geschichte.

In langem, zähem und phantasievollem Widerstand haben die Nonnen in Lüne sich gegen die Auflösung ihres Klosters in der Reformationszeit gewehrt. Sie wollten Klosterfrauen bleiben.

Die Frauen des Frauenkreises stehen in ihrer Stimmung der Christine ziemlich nahe. Allerdings ist ihre Gemütsverfassung leichter, in den Ärger und das Entsetzen mischen sich auch Erheiterung und Spott.

Sie selbst erleben immer noch eine starke Zurücksetzung der Frau. Sie kennen natürlich auch die heutigen Möglichkeiten der Frau in Europa. Das Mittelalter ist für sie – was die Stellung der Frau angeht – eine finstere Zeit.

Das Wissen um die heiligen Frauen ist stark verblasst. Nicht nur die evangelischen Frauen, auch die katholischen Frauen wissen wenig von den heiligen Frauen. Sie kennen vielleicht einige Formen der Verehrung, aber ihr eigenes Leben wird durch die heiligen Frauen nicht bestimmt.

Damit ging auch das Wissen darüber verloren, dass das sich in diesen Heiligenlegenden widerspiegelnde positive Verständnis der Frauen Bestandteil des mittelalterlichen Frauenbildes war und zu den Wurzeln unseres eigenen Frauenverständnisses gehört.

Die drei Geschichten leiten mich, das so widersprüchliche Frauenverständnis im Mittelalter zu verstehen und zu entdecken, was es uns heute bedeuten kann.
 In einem ersten Schritt gehe ich der Geschichte der Christine de Pizan mit ihrer Erfahrung des gänzlich negativen Frauenbildes nach.
 Da die Meinung über Frauen im Mittelalter vor allem durch die Kirche geprägt wird, stellt sich die Frage nach dem Frauenbild der Kirche im Mittelalter und ihren Wurzeln.
 Im 2. Kapitel befasse ich mich mit der heiligen Katharina, der heiligen Barbara, der heiligen Margareta und der heiligen Ursula. Weiter untersuche ich die Verehrung von Maria und der heiligen Anna. Ich beschreibe die hohe Verehrung dieser heiligen Frauen und versuche zu klären, wo die Wurzeln dieser Verehrung liegen.
 Abschließend erzähle ich von den Entdeckungen, die die ökumenische Frauengruppe in Lüneburg mit den heiligen Frauen gemacht hat und stelle die Frage, wie die heiligen Frauen für uns Frauen und Männer heute wieder entdeckt werden und so für uns ein Gewinn sein können.

I. Kapitel: Eva, die große Sünderin – Eva, die Heilige – Eva, die Mutter aller Lebenden

1. Eva, die große Sünderin

„Ein Ausbund aller Schlechtigkeit" lautet das Urteil der Männer über die Frauen – so die Erfahrung von Christine de Pizan. Einer Mauer der Verachtung der Frau durch die Männer sieht sie sich gegenüber.
Wie hat sich diese Verachtung entwickelt? Wo hat dieses Negativbild der Frau seine Wurzeln?
Da im Mittelalter die Kirche die alles beeinflussende geistige und geistliche Macht war, ist es unerlässlich, das Frauenbild der Kirche in den Blick zu nehmen. Ich untersuche einige Facetten dieses Bildes. Vollständigkeit ist dabei nicht mein Ziel; so werde ich auch der interessanten und wichtigen Frage, inwieweit das Bild der Kirche die soziale Situation der Frau bestimmt hat, nicht nachgehen.
Ich beschränke mich darauf, das Frauenbild der Kirche zu zeichnen. Das mich dabei leitende Interesse ist, deutlich werden zu lassen, wie wenig selbstverständlich die große Verehrung der heiligen Frauen in dieser Kirche ist.

Eva im Ersten (Alten) Testament

Die Kirche des Mittelalters stützt sich in ihrem Urteil über die Frauen vorwiegend auf die Kirchenväter der frühen Kirche. Sie wiederum gewinnen ihr Verständnis der Frau aus der Bibel, insbesondere aus der zweiten Schöpfungserzählung.[1] Eva ist für die Kirchenväter und für die Kirche des Mittelalter die Stammmutter der Menschen, das Urbild der Frauen. Die Einschätzung Evas begründet somit die Wertvorstellung der Frau.
Zwei weitere wichtige Quellen ziehe ich heran: die Legenden über Adam und Eva (s. S. 27f) und das Neue Testament (s. S. 28f).
Die Kirche im Mittelalter versteht die Schöpfungserzählungen als einen „historischen" Bericht, der Auskunft darüber gibt, wie Gott am Anfang aller Zeiten Erde und Menschen gemacht hat.

---
[1] Im 1. Buch Mose werden zwei Schöpfungserzählungen erzählt: Die erste steht in 1. Mose 1,1-2,4a, die zweite steht in 1. Mose 2,4b-25.

Da² machte Gott der Herr den Menschen aus Erde vom Acker und blies ihm den Odem des Lebens in seine Nase. Und so ward der Mensch ein lebendiges Wesen (1. Mose 2,7).

Und Gott der Herr sprach: Es ist nicht gut, dass der Mensch allein sei; ich will ihm eine Gehilfin machen, die um ihn sei (1. Mose 2,18).

Da ließ Gott der Herr einen tiefen Schlaf fallen auf den Menschen, und er schlief ein. Und er nahm eine seiner Rippen und schloss die Stelle mit Fleisch.

Und Gott der Herr baute ein Weib aus der Rippe, die er von dem Menschen nahm, und brachte sie zu ihm.

Da sprach der Mensch: Das ist doch Bein von meinem Bein und Fleisch von meinem Fleisch; man wird sie Männin nennen, weil sie vom Manne genommen ist (1. Mose 2,21-23).

Als erste wichtige Information entnimmt die Kirche der zweiten Schöpfungserzählung, dass Eva von Gott nach Adam geschaffen worden ist, in einem zweiten Schöpfungsakt.

Dieses zeitliche Nacheinander der Erschaffung versteht die Kirche als eine hierarchische Zuordnung von Mann und Frau. Die Frau ist dem Mann nach Gottes Schöpfungswillen nachgeordnet, d.h. untergeordnet.[3] Steht erst einmal diese hierarchische Zuordnung, dann bestätigen weitere Einzelheiten die Unterordnung der Frau unter den Mann: während Gott Adam aus Erde gemacht hat, hat er Eva aus einer Rippe Adams erschaffen. Die Frau ist also aus einem Teil des Mannes gemacht, somit einmal mehr vom Mann abhängig.

Noch deutlicher wird diese Unterordnung dadurch ausgedrückt, dass Gott die Frau als Gehilfin für den Mann erschaffen hat (Übersetzung von Martin Luther). Gehilfin für den Mann soll die Frau nach Gottes Schöpfungswillen sein – durch alle Zeiten hindurch. Zeigt schon Gottes Schöpfungsplan, dass Eva Adam unterlegen ist, so verschlechtert sich Evas Situation gegenüber Adam noch einmal grundlegend durch Evas eigenes Verhalten im Paradies.

Die (sogenannte) Sündenfallgeschichte

Und Gott der Herr ließ aufwachsen aus der Erde allerlei Bäume, verlockend anzusehen und gut zu essen, und den Baum des Lebens mitten im Garten und den Baum der Erkenntnis des Guten und Bösen (1. Mose, 2,8-9).

Und Gott der Herr gebot dem Menschen und sprach: Du darfst essen von allen Bäumen im Garten, aber von dem Baum der Erkenntnis des Guten und Bösen sollst du nicht essen; denn an dem Tage, da du von ihm issest, musst du des Todes sterben (1. Mose 2,16-17).

---

[2] Alle biblischen Texte gebe ich nach der Lutherübersetzung wieder.
[3] Vgl. dazu den 1. Timotheusbrief 2,11ff. Er ist vermutlich erst im zweiten nachchristlichen Jahrhundert geschrieben, er hat das Bild Evas im Mittelalter wesentlich bestimmt. Siehe S. 29.

Aber die Schlange war listiger als alle Tiere auf dem Felde, die Gott der Herr gemacht hatte, und sprach zu dem Weibe: Ja, sollte Gott gesagt haben: ihr sollt nicht essen von allen Bäumen im Garten?

Da sprach das Weib zu der Schlange: Wir essen von den Früchten der Bäume im Garten; aber von den Früchten des Baumes mitten im Garten hat Gott gesagt: Esset nicht davon, rühret sie auch nicht an, dass ihr nicht sterbet!

Da sprach die Schlange zum Weibe: Ihr werdet keineswegs des Todes sterben, sondern Gott weiß: an dem Tage, da ihr davon esset, werden eure Augen aufgetan, und ihr werdet sein wie Gott und wissen, was gut und böse ist.

Und das Weib sah, dass von dem Baum gut zu essen wäre und dass er eine Lust für die Augen wäre und verlockend, weil er klug machte. Und sie nahm von der Frucht und aß und gab ihrem Mann, der bei ihr war, auch davon, und er aß.

Da wurden ihnen beiden die Augen aufgetan, und sie wurden gewahr, dass sie nackt waren, und flochten Feigenblätter zusammen und machten sich Schurze.

Und sie hörten Gott den Herrn, wie er im Garten ging, als der Tag kühl geworden war. Und Adam versteckte sich mit seinem Weibe vor dem Angesicht Gottes des Herrn unter den Bäumen im Garten.

Und Gott der Herr rief Adam und sprach zu ihm: Wo bist du?

Und er sprach: Ich hörte dich im Garten und fürchtete mich; denn ich bin nackt, darum versteckte ich mich.

Und er sprach: Wer hat dir gesagt, dass du nackt bist? Hast du nicht gegessen von dem Baum, von dem ich dir gebot, du solltest nicht davon essen?

Da sprach Adam: Das Weib, das du mir zugesellt hast, gab mir von dem Baum, und ich aß.

Da sprach Gott der Herr zum Weibe: Warum hast du das getan? Das Weib sprach: Die Schlange betrog mich, so dass ich aß.

Da sprach Gott der Herr zu der Schlange: Weil du das getan hast, seiest du verflucht, verstoßen aus allem Vieh und allen Tieren auf dem Felde. Auf deinem Bauche sollst du kriechen und Erde fressen dein Leben lang.

Und ich will Feindschaft setzen zwischen dir und dem Weibe und zwischen deinem Nachkommen und ihrem Nachkommen; der soll dir den Kopf zertreten und du wirst ihn in die Ferse stechen.

Und zum Weibe sprach er: Ich will dir viel Mühsal schaffen, wenn du schwanger wirst; unter Mühen sollst du Kinder gebären. Und dein Verlangen soll nach deinem Manne sein, aber er soll dein Herr sein.

Und zum Manne sprach er: Weil du gehorcht hast der Stimme deines Weibes und gegessen von dem Baum, von dem ich dir gebot und sprach: Du sollst nicht davon essen – verflucht sei der Acker um deinetwillen! Mit Mühsal sollst du dich von im nähren dein Leben lang.

Dornen und Distel soll er dir tragen, und du sollst das Kraut auf dem Felde essen.

Im Schweiße deines Angesichts sollst du dein Brot essen, bis du wieder zu Erde werdest, davon du genommen bist. Denn du bist Erde und sollst zu Erde werden.

Und Adam nannte sein Weib Eva; denn sie wurde die Mutter aller, die da leben.

Und Gott der Herr machte Adam und seinem Weibe Röcke von Fellen und zog sie ihnen an.

Und Gott der Herr sprach: Siehe, der Mensch ist geworden wie unsereiner und weiß, was gut und böse ist. Nun aber dass er nicht ausstrecke seine Hand und breche auch von dem Baum des Lebens und esse und lebe ewiglich!

Da wies ihn Gott der Herr aus dem Garten Eden, dass er die Erde bebaute, von der er genommen war.

Und er trieb den Menschen hinaus und ließ lagern vor dem Garten Eden die Cherubim mit dem flammenden, blitzenden Schwert, zu bewachen den Weg zu dem Baum des Lebens (1. Mose 3,1-24).

Eva isst von der Frucht des Baumes der Erkenntnis des Guten und des Bösen, von dem Gott verboten hatte, zu essen. Sie gibt auch Adam von der verbotenen Frucht zu essen und auch Adam isst von ihr.[4]

Dieses Essen vom Apfel hat Folgen: Adam und Eva erkennen, dass sie nackt sind. Sie flechten Feigenblätter zusammen und machen sich einen Schurz, wodurch die enge Beziehung zwischen ihnen beiden verloren geht.

Auch die vertrauensvolle Nähe zu Gott hat gelitten, denn Adam und Eva verstecken sich vor Gott. Eine Schwierigkeit zieht eine weitere nach sich. Als Gott Adam zur Rede stellt, schiebt Adam die Schuld auf Eva, wodurch die Beziehung von Adam zu Eva zusätzlich belastet wird.

Noch schwieriger wird das Leben von Adam und Eva durch Gottes Reaktionen auf ihr Verhalten. Die Kirche interpretiert Gottes Antwort auf das Essen des Apfels als Strafe.[5] Unterschiedlich schwer trifft Gottes Strafe Frau und Mann.

Schmerzen bei der Schwangerschaft kündigt Gott der Frau an und ebenso Schmerzen bei der Geburt. Aber nach der Meinung der Kirche schaut man ge-

---

[4] Im Text steht Frucht, in der christlichen Tradition wird in der Frucht ein Apfel gesehen. Ich nenne die Frucht im weiteren Verlauf Apfel.

[5] Vgl. z.B. Tertullian (Karthago ca. 202 n. Ch.): „In Schmerzen und Ängsten musst du gebären, oh Weib; zum Manne musst du dich halten, und er ist dein Herr. Und du wolltest nicht wissen, dass du eine Eva bist? Noch lebt die Strafsentenz Gottes über dein Geschlecht in dieser Welt fort; dann muß also auch deine Schuld noch fortleben." Tertullian, De cultu feminarum 1, 1-2 SC, Bd. 173, hg. von Marie Turcan, Paris 1971 (dt.: Tertullians Private und katechetische Schriften, übers. von K.A.H. Kellner, BKV 2, Bd. 7, 1912); zitiert bei Monique Alexandre, Frauen im frühen Christentum, in: Georges Duby/Michelle Perrot, Geschichte der Frauen, 1. Bd. Antike, hg. von Pauline Schmitt Pantel, Frankfurt/New York 1993, S. 451.

nauer hin, so ist Gottes Strafe nicht nur eine Beschwernis, die die Frau zu erdulden hat, sondern die Strafe geht viel tiefer: sie hat das Wesen der Frau, die Natur der Frau verändert, sie ist fast ein neuer Schöpfungsakt. Eva hat vom Apfel gegessen, sie hat sich mit dem Bösen, mit der Schlange eingelassen. Dieses Verhalten wird nicht als ein einmaliges Vergehen gewertet, ihre Natur ist dadurch sündig geworden. Mit Eva sind alle Frauen Sünderinnen geworden. Nach Ansicht der Kirche gibt es für die Frau kein Entrinnen mehr aus der Sünde. Die Frau ist so von Grund auf Sünderin geworden, dass sie bei jeder Geburt die Sünde weitergibt, jeder Mensch – von einer Frau geboren – ist Sünder. Evas Sünde ist also eine Erbsünde.

Weil auch Adam vom Baum der Erkenntnis gegessen hat, wird auch er von Gott gestraft. Im Schweiße seines Angesichts soll er sein Brot erwerben, und der Boden soll ihm Dornen und Disteln geben. Die Strafe Adams gilt für alle Männer durch alle Zeiten, aber es ist eine Strafe, die Adam lediglich Erschwernisse bei der Arbeit bringt, sie macht ihn nicht grundsätzlich zum Sünder. Sünder ist der Mann, weil er von einer Frau geboren wird.

Eine Strafe jedoch trifft Adam und Eva gleichermaßen. Gott vertreibt sie aus dem Paradies.

Und er (Gott) trieb den Menschen hinaus und ließ lagern vor dem Garten Eden die Cherubim mit dem flammenden, blitzenden Schwert, zu bewachen den Weg zu dem Baum des Lebens (1. Mose 3,23-24).

Das Paradies ist verloren und die Tür zum Paradies bleibt für beide gleichermaßen verschlossen. Doch die Schuld für den Verlust des Paradieses hat die Kirche hauptsächlich Eva angelastet und hat sie dadurch wiederum mehr belastet als Adam.

Gab es schon bei der Schöpfung ein von Gott gewolltes hierarchisches Gefälle zwischen Frau und Mann, so verstärkt sich dieses Gefälle dadurch, dass nun eine große moralische Unterlegenheit der Frau gegenüber dem Mann hinzukommt.[6]

Die Frau in der ersten Schöpfungserzählung

Neben der zweiten Schöpfungserzählung (1. Mose 2,4bff) gibt es in der Bibel noch die erste Schöpfungserzählung, die ein völlig positives Frauenbild widerspiegelt. Sie steht in 1. Mose 1,1-2,4a.

Aus der ersten Schöpfungserzählung (1. Mose 1,1-2,4a nach der Übersetzung von Martin Luther) 1. Mose 1,26-28:

---

[6] Die Kirche des Mittelalters ist der Meinung des Timotheusbriefes 2,11ff gefolgt und hält Eva für die Hauptschuldige.

Und Gott sprach: Lasset uns Menschen machen, ein Bild, das uns gleich sei, die da herrschen über die Fische im Meer und über die Vögel unter dem Himmel und über das Vieh und über alle Tiere des Feldes und über alles Gewürm, das auf Erden kriecht.
Und Gott schuf den Menschen nach seinem Bilde, zum Bilde Gottes schuf er ihn; und schuf sie als Mann und Frau.
Und Gott segnete sie und sprach zu ihnen: Seid fruchtbar und mehret euch und füllet die Erde und machet sie euch untertan und herrschet über die Fische im Meer und über die Vögel unter dem Himmel und über das Vieh und über alles Getier, das auf Erden kriecht.
Die Erschaffung von Mann und Frau wird in dieser ersten Schöpfungserzählung völlig anders dargestellt als in der zweiten: Gott erschafft in einem Schöpfungsakt Mann und Frau gleichzeitig, und er macht beide, Mann und Frau, gleichermaßen nach seinem Bilde.

Hier gibt es im Schöpfungsakt keinen Unterschied zwischen Mann und Frau. Völlige Gleichheit herrscht zwischen ihnen, und hohe Würde gilt der Frau wie dem Mann, denn sie sind beide nach Gottes Bild geschaffen.

Die erste Schöpfungserzählung in 1. Mose 1 erzählt nichts von einem Sündenfall, sie erzählt nichts von einer Vertreibung der Menschen aus dem Paradies durch Gott. Gott gibt den beiden Menschen, seinen Ebenbildern, den Auftrag, sich zu vermehren, und er segnet sie. Keine Sünde haftet am Kindergebären, keine Sünde wird durch die Sexualität, die Zeugung und das Gebären weitergegeben, sondern über den Kindern liegt Gottes Segen.

Dieses positive Bild von der Frau hat leider das mittelalterliche kirchliche Denken nicht wesentlich geprägt.

Exkurs: Das Frauenbild der Hildegard von Bingen

Einige Frauen haben im Mittelalter die erste Schöpfungserzählung zur Grundlage ihres Denkens und Glaubens gemacht. Sie blieben Ausnahmen im Denken ihrer Zeit. Hildegard von Bingen ist eine dieser Frauen.

Hildegard von Bingen wurde im Jahre 1098 als Tochter Hildebert von Bermersheim und dessen Gattin Mechthild geboren. Schon mit acht Jahren übergaben ihre Eltern sie dem benediktinischen Doppelkloster (Männer- und Frauenkloster) Disibodenberg am Zusammenfluss von Nahe und Glan, wo Hildegard von der Äbtissin Jutta von Sponheim erzogen wurde. Unter ihrer Leitung hatte Hildegard die Möglichkeit, sich dem Bibelstudium und dem Studium der Schriften der Kirchenväter zu widmen.

1113/1114 legte sie das Gelübde nach der Benediktinerregel ab.[7]
Schon früh hatte Hildegard Visionen, die sie aber lange geheim hielt. Nach Jutta von Sponheims Tod übernahm Hildegard die Leitung des Klosters. Als Hildegards Visionen öffentlich wurden, kam es zu Spannungen mit den Mönchen in ihrem Kloster.[8]
Weitere Konflikte kamen hinzu, was Hildegard schließlich bewog, ein neues Frauenkloster am Rupertsberg über Bingen am Rhein zu gründen.

Nach anfänglich großen Schwierigkeiten hatte Hildegard mit ihrem neuen Kloster großen Erfolg. Einen ersten Höhepunkt des Erfolges erlebte sie, als Papst Leo III. 1147 eine Synode nach Trier einberief, um ein Konzil in Trier vorzubereiten.

Die Nachricht von Hildegards Visionen hat inzwischen über den Abt des Mönchsklosters Disibodenberg den Erzbischof Heinrich von Mainz erreicht.[9] Der Erzbischof will die Synode in Trier nutzen und den versammelten Prälaten und selbst dem Papst Hildegards Visionen vorlegen. Der Papst bestimmt zwei Prälaten, die Hildegard visitieren und ihre Schriften untersuchen sollen. Die Prälaten nehmen die schon fertigen Teile von Hildegards „Scivias – Wisse die Wege" mit.[10]

Der Papst hat auf der Synode persönlich aus Hildegards Schriften vorgelesen. Sie haben bei den Teilnehmern einen sehr positiven Eindruck hinterlassen.

Leo III. schreibt nach der Synode einen Brief an Hildegard, in dem er sein großes Erstaunen ausdrückt, dass Gott auch heute noch seinen Geist in einem Menschen ausgießt, und er wünscht Hildegard Glück zur Gnade Gottes.

Die Wege, die Hildegard einschlägt, sind sehr ungewöhnlich für eine Frau ihrer Zeit, und der Erfolg ist eigentlich unvorstellbar. Hildegards Leben fällt aus dem Rahmen ihrer Zeit.

Genauso ist über Hildegards theologisches Denken zu urteilen.

War für die Kirche ihrer Zeit der Sündenfall das Urdatum für das menschliche Leben, so steht für Hildegard der Gedanke, dass die Menschen Sünder sind, im Hintergrund. Auch die Frau sieht Hildegard – ganz im Gegenzug zu ihrer Zeit – nicht als Sünderin, sondern als Geschöpf Gottes, aber nicht im Sinne der zweiten Schöpfungserzählung.

Für Hildegard ist die Gottebenbildlichkeit aus der ersten Schöpfungserzählung der zentrale Gedanke, von dem aus sie Frau und Mann versteht. Auch für

---

[7] Vgl. Friedrich Prinz, Hildegard von Bingen (1098–1179). Adelsheilige, Prophetin, und Wissenschaftlerin, in: Das wahre Leben der Heiligen. Zwölf historische Portraits von Kaiserin Helena bis Franz von Assisi, München 2003, S. 224.
[8] Vgl. ebd., S. 225.
[9] Vgl. zum Weiteren, Regine Pernoud, Hildegard von Bingen. Ihre Welt – Ihr Wirken – Ihre Visionen, Herder/Spektrum, Bd. 4592, Freiburg (Brsg.) 1996, S. 24ff.
[10] Hildegard von Bingen, Scivias – Wisse die Wege. Eine Schau von Gott und Mensch in Schöpfung und Zeit, übersetzt und herausgegeben von Walburga Storch OSB, Augsburg 1997.

die Frau beansprucht Hildegard die uneingeschränkte Ebenbildlichkeit mit Gott. Sogar der Leib gehört für sie in diese Ebenbildlichkeit. Damit fällt Hildegards Sicht völlig aus dem Rahmen ihrer Zeit.[11]

Ihr Frauenverständnis bleibt kein theoretisches Denken. Sie lebt die Ebenbildlichkeit der Frau mit Gott, auch in der Form, dass sie den Leib mit einbezieht.

Hildegard lässt ihre Nonnen in langen weißen Kleidern und mit offenen Haaren Gottesdienste feiern. Das erregt in ihrer Zeit Widerspruch. In ihrer Leibfreundlichkeit wird Hildegard auch von Frauen nicht verstanden. Dafür steht Tenxwind, die Äbtissin des Nonnenklosters in Andernach. Tenxwind wendet sich in einem Brief an Hildegard (zwischen 1148–1150)[12] und kritisiert sehr scharf die Lebensführung, die Kleidung und den Schmuck der Nonnen in Hildegards Kloster, wodurch sich Hildegard aber nicht beirren lässt.

In ihrem Kloster auf dem Rupertsberg haben die Nonnen ihren Platz im Zentrum der Kirche zwischen Hauptschiff und Apsis.

Als Äbtissin gelingt es ihr, für ihr Kloster Macht zu erreichen, sie erstreitet weitgehende wirtschaftliche und theologische Rechte.

Obwohl Hildegard als Äbtissin zur stabilitas loci verpflichtet ist, unternimmt sie große Reisen. Auf ihren Reisen hat sie viel und sehr erfolgreich gepredigt. Sie hat in einer Kirche gepredigt, die der Frau das Schweigen gebot. Sie hatte das Amt einer Prophetin; dieses Amt war möglich in der Kirche neben dem Predigtamt, das nur Männern zugänglich war.[13]

Hildegard von Bingen hat ein theologisches Denken entfaltet, das überhaupt nicht in die Kirche ihrer Zeit passt, das alle Maßstäbe sprengt. Sie hat es gewagt, dieses Denken auch zu leben – und sie hat Erfolg damit.

Hildegard von Bingen ist nicht die einzige Frau, die in der Lage ist, im Gegensatz zu ihrer Kirche ein positives Frauenbild zu entwickeln und es zusammen mit ihren Nonnen auch zu leben.

Das Frauenkloster Helfta ist ein weiteres Zentrum, in dem Frauen zusammen bewusst als Frauen leben. In diesem Kloster haben Gertrud die Große von Helfta und die Begine Mechthild von Magdeburg gelebt und gearbeitet. Gertrud fühlt sich durch Christusvisionen in ihrem weiblichen Selbstbewusstsein bestärkt. In diesen Visionen erkennt Christus die volle weibliche Gottebenbild-

---

[11] Vgl. zum Ganzen Elisabeth Gössmann, Religiös-Theologische Schriftstellerinnen in: Georges Duby/Michelle Perrot, Geschichte der Frauen, Mittelalter, Frankfurt/New York 1993, S. 495ff; Sinne, Seele, Geist, in: Mit allen Sinnen glauben. Feministische Theologie unterwegs, hg. von Herlinde Pissarek-Hudelist/Luise Schottroff, Gütersloh 1991, S. 115ff.
[12] Friedrich Prinz, 2003, S. 216ff, besonders S. 221f.
[13] Bei Prinz ist als Verteidiger für Hildegards Predigttätigkeit Guibert von Gembloux genannt, S. 229.

lichkeit an.[14] Das Denken der Gertrud wird von ihrem ganzen Kloster mitgetragen.

Hildegard von Bingen und Gertrud von Helfta stehen mit ihrem positiven Frauenbild nicht alleine da. Beide leben in Klöstern, und die Klöster tragen ihr Gedankengut mit. Dazu haben beide Frauen großen Einfluss in ihrer Zeit.

Und doch muss gesagt werden, dass nur wenig von diesem Denken in das allgemeine kirchliche Denken rezipiert worden ist. Das oben genannte Urteil, die erste Schöpfungserzählung habe das Denken der Kirche des Mittelalters nicht wesentlich geprägt, trifft zu, trotz des Denkens von Hildegard von Bingen und Gertrud von Helfta.

Eva in den Legenden

Es gibt eine reiche Legendenliteratur, die vom Leben Adams und Evas nach der Vertreibung aus dem Paradies erzählt.[15] Ich ziehe diese Legendenliteratur mit heran, um zu zeigen, wie sich das Bild von Eva – und damit das Frauenbild – in der außerbiblischen Literatur im Lauf der Jahrhunderte entwickelt hat.

Die Legende „Das Leben Adams und Evas" beschreibt, wie Adam und Eva außerhalb des Paradieses leben. Die beiden sind sehr traurig. Sie haben nichts zu essen, weil sie die Pflanzen außerhalb des Paradieses nicht kennen. So leiden sie unter großem Hunger.

Eva bittet Adam, sie zu töten, damit Gott ihn wieder ins Paradies lässt, aus dem er ja nur ihretwegen vertrieben sei.

Eva nimmt die Schuld für die Vertreibung allein auf sich. Sie allein habe sich verführen lassen. Eva ist erfüllt von einem Gefühl großer Sündhaftigkeit.

In Adams letzten Stunden betet sie: „Gesündigt habe ich, Gott, gesündigt, Vater des Alls, gesündigt an dir, gesündigt gegen deine auserwählten Engel, gesündigt gegen die Kerube und Seraphe, gesündigt gegen deinen unerschütterlichen Thron, gesündigt Herr, viel gesündigt, und alle Sünde ist durch mich in die Schöpfung gekommen."[16]

Eva ist die große Sünderin, Adam wird in einem ganz anderen Licht dargestellt.

---

[14] Elisabeth Gössmann, 1993, S. 503.
[15] Diese Legenden sind nicht in die Bibel aufgenommen worden. Sie werden apokryphe (verborgene) Literatur genannt. Es gibt 3 Legenden: 1. Das Leben Adams und Evas (lateinisch), 2. Die Apokalypse des Mose (griechisch), 3. Die Schatzhöhle (syrisch). Die Legenden sind in der Zeit von 70 v. Chr. bis 100 n. Chr. entstanden, in: Erich Weidinger, Die Apokryphen. Verborgene Bücher der Bibel, Augsburg 1993; Das Leben Adams und Evas, S. 23ff; Die Apokalypse des Mose, S. 38ff; Die Schatzhöhle, S. 47ff.
[16] Ebd., S. 35.

Bei der Beerdigung Adams erscheint ein Lichtwagen gezogen von vier glänzenden Adlern. Vor dem Wagen gehen Engel, die, wie auch Sonne und Mond, für ihn beten. Schließlich hebt der Allvater Adam auf und übergibt ihn dem Erzengel Michael. Er soll Adam bis in den dritten Himmel, ins Paradies bringen.[17]

Eva stirbt ein paar Tage nach Adam. Wohl sind Engel um sie, aber sie beten nicht für Eva; auch Mond und Sonne beten nicht für sie. Es kommt kein Lichtwagen gefahren.

Eva stirbt mit vielen innigen Gebeten zu Gott und dem Wunsch, neben Adam ihr Grab zu finden. Immerhin – auch Eva wird im Paradies beerdigt.[18]

In der Legende „Die Schatzhöhle" wird Adam in Golgatha begraben. Golgatha ist nicht nur ein besonderer Ort, weil dort Jesus Christus gekreuzigt wurde, Golgatha ist schon von der Erschaffung der Welt an ein besonderer Ort. Als Gott die Erde erschafft, bleibt Gottes Kraft da – in Golgatha – stehen, dort vereinigen sich die vier Enden der Erde. An diesem besonderen Ort wird Adam beerdigt. Und später als das Kreuz des Messias in Golgatha errichtet wird, öffnet sich die Tür des Ortes über Adam, und aus Jesu Seite fließt Blut und Wasser dem Adam in den Mund, ihm zur Taufe.[19]

Adam ist bei seinem Tod in alle Ehren versetzt, die für einen Menschen erreichbar sind.

Von einer Beerdigung Evas wird in der Schatzhöhle nichts erzählt.[20]

In der biblischen Schöpfungserzählung 1. Mose, 2,4a ff schiebt Adam Eva die Schuld zu. Aber Gott sieht Adam nicht durch Eva entlastet, Gott sieht auch bei Adam Schuld, so straft Gott auch ihn.

In den Legenden hingegen wird die volle Schuld Eva aufgeladen und zwar so, dass Eva von sich aus die Schuld auf sich nimmt. Adam braucht Eva gar nicht zum Sündenbock zu machen. Damit wird Adam noch einmal zusätzlich entlastet. Er wird, mit gutem Grund, im Lichtwagen von glänzenden Adlern gezogen.

Eva im Neuen Testament

Auch das Neue Testament zeigt Interesse an der Frage, wie die Sünde in die Welt gekommen ist.

Paulus stimmt nicht ein in die Schuldzuweisung des Sündenfalls an Eva, sondern Paulus übergeht Eva. Für ihn kommt der Tod durch Adam in die Welt (z.B. Römer 5, 12ff).

---

[17] Ebd., S 36f.
[18] Ebd., S. 38.
[19] Ebd., S. 67 und 92.
[20] Ebd., S. 67.

Adam ist schuldig, aber Christus hat die Schuld getilgt. Christus ist auch für Adam gestorben, so ist Adam erlöst. Zu folgern ist, dass Christus auch für Eva gestorben ist. Doch das sagt Paulus nicht ausdrücklich.

Der 1. Timotheusbrief (2,11ff) geht auf Eva ein. Der Schreiber erzählt von Adam und Eva und den Folgen, die Evas Verhalten für die Menschen in der christlichen Gemeinde hat.

„Eine Frau lerne in der Stille mit aller Unterordnung.
Einer Frau gestatte ich nicht, dass sie lehre, auch nicht, dass sie über den Mann Herr sei, sondern sie sei still."[21]

Die Unterordnung der Frau, die der Verfasser für notwendig hält, begründet er damit, dass Eva nach Adam als zweite geschaffen wurde.

Aber auch hier gibt es noch eine Steigerung. Die zweite Begründung lautet: Adam wurde nicht verführt, die Frau aber hat sich zur Übertretung verführen lassen.[22]

Adam wird gänzlich entlastet, und Eva allein trägt die Schuld.

Damit geht der Schreiber des 1. Timotheusbriefes noch einen Schritt weiter als die Legendenliteratur, in der ja Eva die Schuld allein auf sich nimmt. Der Schreiber des Timotheusbriefes sagt ausdrücklich, Adam wurde nicht verführt.

Die frühe Kirche und die Kirche des Mittelalters sind dem Verfasser des 1. Timotheusbriefes in seiner Einschätzung von Adam und Eva gefolgt.

Allerdings gibt der Verfasser des Timotheusbriefes den Frauen noch eine Chance. Die Frau hat die Chance selig zu werden, indem sie Kinder zur Welt bringt. Kinder allein reichen aber nicht, sie müssen mit Besonnenheit im Glauben und in der Liebe und in der Heiligung bleiben.

Das ist eine schwere Bedingung für die Seligkeit der Mütter, aber immerhin bewertet der Verfasser des Timotheusbriefes das Gebären von Kindern positiv, ja als Möglichkeit für Frauen, die Seligkeit zu empfangen.

In dieser Einschätzung sind die Kirchenväter und die Kirche des Mittelalters dem Timotheusbrief nicht gefolgt. Die Kirchenväter bewerten die Sexualität als Sünde, so haftet dem Kindergebären der Makel der Sünde an.

Verheiratete Frauen und Mütter haben nach Einschätzung der Kirche im Mittelalter fast unüberwindliche Schwierigkeiten, die Seligkeit zu erlangen.

Die Theologen des Mittelalters favorisieren die Jungfrau.

---

[21] 1. Timotheus 2, 11f.
[22] Ebd., V. 14.

2. Eva neben Maria, der neuen Eva

Christine des Pizan leidet so unter der Rolle der Frau, dass sie lieber als Mann geboren worden wäre.[23]

Nun lebte Christine de Pizan viele Jahrhunderte nach Christi Geburt. Mit Christi Geburt und seinem Sterben am Kreuz feiert die Christenheit den Beginn einer neuen Zeit, die Erlösung von den Sünden gebracht hat. Weiter wird Maria, die Mutter Jesu, eine Frau also, hoch verehrt – sie wird als neue Eva verstanden.

Hier zeigt sich ein Widerspruch, der die Fragen aufwirft, woher kommt es, dass Christine sich einem solch negativen Bild von Frauen gegenüber sieht, welchen Platz hat der Glaube an die Erlösung durch Christus für Frauen und was hat Maria, die neue Eva, der alten Eva – und somit den Frauen – gebracht?

Ich machte mich auf die Suche nach Texten und Bildern, die einen Einblick geben in den Zusammenhang von Eva, der Frau und dem Glauben an die Erlösung durch Christus und die die Beziehung von Maria, der neuen Eva, zur alten Eva deutlich werden lassen.

Die Erlösung der Menschheit durch Christus und Maria

Christinnen und Christen sehen den Beginn einer neuen Zeit in der Geburt und dem Kreuzestod Jesu Christi.

Paulus formuliert diesen Neubeginn durch Christus: wie durch Adam der Tod für die Menschen kam, so kam durch Christus das Leben.

Römer 5,18. Wie nun durch die Sünde des Einen (Adam) die Verdammnis über alle Menschen gekommen ist, so ist auch durch die Gerechtigkeit des Einen (Christus) für alle Menschen die Rechtfertigung gekommen, die zum Leben führt.

Diese Erlösung Jesu gilt allen Menschen, somit gilt sie auch für Frauen. In analoger Denkstruktur zu Römer 5,18 vertritt das Mittelalter noch die Lehre, dass Maria Anteil am Erlösungswerk Christi hat, und dass dieses Werk der Maria speziell den Frauen zugute kommen soll.

Dieser Glaube der Teilnahme Marias am Erlösungswerk hat sich im Lauf der Kirchengeschichte entwickelt.

Der Anhaltspunkt für dieses Verständnis liegt vor allem in Marias Bereitschaft, das Kind, das ihr der Engel verheißt, zu empfangen (Lukas 1,26ff).

Für die Menschen des Mittelalters ist es notwendig, dass eine Frau am Erlösungswerk beteiligt ist, weil durch diese die Sünde in die Welt gekommen ist.[24]

---

[23] Christine de Pizan, 1990, S. 37.

Für Bernhard von Clairvaux (1090–1153), den großen Abt von Clairvaux, ist zur Erlösung ein Paar nötig, weil durch ein Paar – Adam und Eva – die Sünde in die Welt gekommen ist.[25]

Das Mittelalter sieht Maria sogar schon in der Sündenfallgeschichte am Werk.

Das Wort aus der Sündenfallgeschichte, dass Gott Feindschaft setzen wird zwischen der Schlange (dem Bösen) und den Menschen (1. Mose 3,15), wird als Verheißungswort verstanden. Christus, der Same, wird die Feindschaft beenden.[26] So ist in der Sündenfallgeschichte das Ende der Zeit der Sünde mitgedacht. Der Erlöser Christus ist in Gottes Plan schon vorhanden, und dieser Plan Gottes ist – wenn auch verborgen – in der Sündenfallgeschichte lesbar.

Einen Schritt weiter geht die Vulgata,[27] die lateinische Übersetzung des Alten Testament von Hieronymus (um 347–420). Der lateinische Text verändert das hebräische Wort für „er wird dir den Kopf zertreten" (lateinisch ipse) in 1. Mose 3,15 in ein weibliches „sie (lateinisch ipsa) wird dir den Kopf zertreten". Dieses ipsa wird auf Maria gedeutet.[28]

So ist Maria schon in der Sündenfallgeschichte mit gedacht. Sie bringt Hoffnung in dieses hoffnungslose Geschehen.

Ein weiteres Hoffnungszeichen ist für die Menschen ein Wortspiel: das Wort Eva ergibt von hinten gelesen Ave, und mit Ave (im lateinischen Text) grüßt der Engel bei der Verkündigung der Geburt Jesu Maria (deutscher Text „gegrüsset seist du Maria"). In diesem Wortspiel sehen die Menschen einen im Buchstaben verborgenen Fingerzeig Gottes auf zukünftiges Heil. Bis heute wird im Lied Ave maris stella – Gotteslob Nr. 596 – dieses Wortspiel gesungen: (2. Strophe):[29]

„Sei gegrüßt", so sprach des Engels Mund,
„du bist voll der Gnade."
Dieses Ave wendet Evas Los,
schenkt uns Gottes Frieden.

Zwischen alter und neuer Schöpfung besteht die Beziehung von Urbild und Erfüllung.[30] Eva kann in Maria wiedererkannt werden. Es gibt für die Menschen einen übergeordneten Heilsplan Gottes.

---

[24] Justin (gestorben 165) sieht den Zusammenhang, dass durch Eva der Tod kam – so musste durch Maria, eine Frau, das Leben kommen; zitiert bei Ernst Guldan, Eva und Maria. Eine Antithese als Bildmotiv, Graz/Köln 1966, S. 27.
[25] Vgl. Walter Delius, Geschichte der Marienverehrung, München/Basel 1963, S. 160.
[26] Vgl. Ernst Guldan, 1966, S. 29/30.
[27] Hier Biblia Sacra iuxta Vulgatam Clementinam, Tertia Editio, Mariti. MCMLIX.
[28] Ebd., S. 30.
[29] Gotteslob, Katholisches Gesangbuch, Hildesheim 1996.
[30] Ebd., S. 28.

Christine de Pizan hat weder die befreiende Erfahrung der Erlösung durch Christus noch die der Erlösung durch Maria machen können. Ihre Erfahrungen sind die leidvollen der Verachtung der Frau.
So bleibt eine Diskrepanz zwischen der geglaubten Erlösung durch Christus und Maria und den Erfahrungen der Christine.
Ähnlich besteht auch heute noch ein Missverhältnis zwischen dem Erlösungsglauben und unseren schwierigen Erfahrungen als Frauen.
Dieser Diskrepanz gehe ich nach.

Eva, die dunkle Folie, auf der Maria glänzt

Christus und mit ihm Maria haben die Menschheit erlöst.
Schon die Sündenfallgeschichte gehört in den großen Heilszusammenhang der Erlösung durch Maria und Jesus. Diese Heilsgeschichte wird im krassen Gegensatz zur Zeit der Verdammnis gesehen.
Maria wird als neue Eva verstanden und der alten Eva gegenübergestellt. Bei dieser Gegenüberstellung nun wird Eva sehr negativ beurteilt. Eva sind immer die schlechten Eigenschaften, Maria die entgegengesetzt guten zugeordnet.
Durch Eva kommt der Tod, durch Maria das Leben, so fasst Augustin (354–430) kurz die Beziehung von Eva und Maria zusammen.[31]
Hieronymus (um 347–420) formuliert diesen Gegensatz ganz ähnlich, aber wohl noch einprägsamer: Mors per Evam, vita per Mariam.[32]
Dieses Denken in Antithesen ist sehr eingängig. Schon in der Zeit um 365 ist die Antithese ein weit verbreitetes, gängiges Schlagwort und ist es über Jahrhunderte geblieben.
Eva hat das Leben für die Welt verloren, so versteht es auch Roswitha von Gandersheim,[33] (verstorben nach 1000[34]). Sie schreibt in einem Lobgesang zu Ehren der Gottesmutter:
„*Hoffnung der Welt, berühmte Himmelsherrin,*
du heilige Mutter, klarer Meeresstern,
du gabst der Welt das Leben wieder,
das einst die erste Frau verloren."
Nicht allein die Männer, auch eine Frau wie Roswitha, reiht sich ein in die vielen Stimmen, die Eva die Schuld dafür geben, dass das Leben verloren ging.
Nach der Erlösung bildet die alte Eva die negative Folie für die neue Eva, für Maria. In ihr fokussiert sich das Böse.

---

[31] Ebd., S. 29, in Latein: Per feminam mors, per feminam vita.
[32] Ebd., S. 25, Der Tod durch Eva, das Leben durch Maria.
[33] Ebd., S. 18.
[34] Die Angaben über den Tod Roswithas variieren in der Literatur.

Die Kirche hat mit dem griffigen Bild der Gegenüberstellung Marias und Evas ein sehr einprägsames, extrem negatives Frauenbild geschaffen. Es gilt auch in der Zeit der Erlösung.

Die Erlösung der Eva ist in der Gegenüberstellung von Eva und Maria für Eva nicht zum Zuge gekommen. So ist die Erlösungsmöglichkeit für die Frauen nicht erkennbar und erfahrbar geworden. Die Klagen der Christine de Pizan sind also sehr verständlich und berechtigt.

Die Antithese Eva – Maria ist so eingängig, dass sie auch die bildende Kunst stark geprägt hat, und diese wiederum hat weiter dazu beigetragen, dieses Frauenbild zu verbreiten.

Johannes Zittau hat um 1420 ein Bild gemalt, in dem er Maria und Eva gegenüberstellt: beide Frauen stehen am Paradiesbaum, Eva rechts, Maria links. Eva ist nackt, nur ihre Scham ist bedeckt, Maria trägt ein wallendes Kleid und eine Krone auf dem Haupt.

Bibelfragment aus der Schreibstube des Johannes von Zittau, um 1420, Breslau, Universitätsbibliothek[35]

---

[35] Ernst Guldan, 1966, Bildanhang, Nr. 156.

Die Schlange schaut aus dem Baum auf Eva. Das Tier trägt das Gesicht Evas, wodurch Eva gänzlich mit dem Bösen identifiziert wird.
Beide Frauen pflücken aus dem Baum der Erkenntnis. Maria hält das Kreuz Jesu, und Eva einen Apfel. Eva gibt mit der linken Hand einen Totenkopf an die Menschen weiter, Maria den Apfel des Lebens.
Eva, die Mutter aller Lebenden (1. Mose 3,20), gibt also den Tod weiter – Maria gibt das Leben weiter.

Damit das Frauenbild der Kirche im Mittelalter derart negativ werden konnte, ist vieles zusammengekommen. Und ebenso haben mehrere Faktoren zusammengespielt, damit dieses negative Frauenbild so weit verbreitet wurde.

Die Beschäftigung mit Texten und Bildern von Eva und der Frau nach der Erlösung durch Christus bestätigt, was die Klage der Christine vermuten lässt. Es gilt zwar, dass die Frauen durch Christus und Maria erlöst sind, tatsächlich aber kommt diese Erlösung bei Eva und den Frauen nicht zum Zuge, weil Eva für den Sündenfall verantwortlich gemacht und nach der Erlösung weiterhin als negative Folie für Maria gesehen wird.

Es ist sogar so, dass Eva, und mit ihr die Frau, konkret durch Christus und Maria nicht nur nicht von ihren Sünden erlöst worden ist, sondern für Eva noch eine besondere Schuld hinzukommt. Neben ihrer Schuld am Sündenfall, an der Erbsünde, an der Vertreibung aus dem Paradies, wird ihr auch die Schuld am Tod Jesu gegeben.

Die Logik ist folgende: Durch Eva kam die Sünde in die Welt, Christus ist für die Sünde gestorben, also trägt Eva die Schuld an Jesu Tod.

Diesen Gedanken hat schon Tertullian (ca. 202) formuliert:[36] „Wegen deiner Schuld, d.h. um des Todes willen, musste auch der Sohn Gottes sterben ..." Dieser Glaube, Eva sei schuld am Tod Christi, hat sich über die Jahrhunderte gehalten.

1330, also 1100 Jahre nach Tertullian, setzt Ambrogio Lorenzetti diese Schuld Evas bildlich um (s. Abb. S. 35). Lorenzetti schafft ein Bild, auf dem Eva zu Füßen der Maria liegt. Eva hat ein Spruchband in der Hand, auf dem steht: „Ich beging die Sünde, durch die Christus die Passion erduldete, er, den diese Königin (Maria) unter ihrem Herzen trug zu unser Erlösung."

Wieder übernimmt Eva in eigener Einsicht die Schuld am Tod Christi, wie in den Legenden von Adam und Eva. Diese „eigene Einsicht" wird ihr allerdings von einem Künstler, einem Mann also, eingegeben.

Der Text auf dem Spruchband redet wieder von der Erlösung der Menschen durch Christus. Die Frau aber kommt nur zur Sündenerkenntnis.

---

[36] Zitiert bei Monique Alexandre, Frauen im frühen Christentum, in: Georges Duby/Michell Perrot, Geschichte der Frauen, Antike, hg. von Pauline Schmitt Pantel, Frankfurt/New York 1993, S. 451.

Ambrogio Lorenzetti um 1330, Maria als neue Eva, Fresko
(Ausschnitt: Eva zu Füßen Marias), Klosterkirche in Monte Siepi[37]

Nichts ist zu spüren von einer Erlösung für Eva.

Die Kirchenväter, und mit ihnen die Kirche des Mittelalters, sehen die positive Maria und Eva als dunkle Folie, vor der Maria glänzt. Sie vermögen nicht, Eva im Gegenüber zu Maria als Erlöste zu denken, auszusagen und darzustellen.

So ist die Situation der Christine de Pizan, und mit ihr die der Frauen, auch in der Zeit der Erlösung eine Zeit der Unerlöstheit. Diese Schwierigkeiten wirken nach bis in unsere Tage.

Maria und die Sexualität

Ein weiterer Grund, warum Eva und mit ihr die Frauen auch in der Zeit der Erlösung nicht als Erlöste gedacht werden können, liegt im Verständnis der Sexualität durch die Kirche des Mittelalters. Die Erbsünde vergiftet die Sexualität, die Empfängnis und die Geburt.

Christus und auch Maria bringen keine Erlösung im Hinblick auf die Sexualität.

Bernhard von Clairvaux (1090–1153) spricht in einer Predigt die Frauen seiner Zeit an als Frauen, die in Traurigkeit geboren wurden und in Traurigkeit gebären. Der Grund für die Traurigkeit ist Evas Sünde.[38]

---

[37] Sigrid Esche, Adam und Eva, Düsseldorf 1957, Abb. 40.

So bleibt für Bernhard auch nach Christi Erlösungswerk der Zusammenhang von Geburt und Sünde bestehen.

Den Grund für die Sündhaftigkeit der Geburt sah Tertullian (ca. 202) in den Schmerzen beim Gebären. Er verstand sie als Strafe Gottes für Evas Sündenfall. Da die Frau auch nach Christi Geburt unter Schmerzen gebiert, folgerte er, dass Evas Schuld und somit die Schuld der Frau fortbesteht. Damit hat Tertullian die frühe Kirche und das Mittelalter sehr stark geprägt.

Auch Maria löst den Zusammenhang von Sünde, Empfängnis und Geburt nicht. Als Jungfrau hat Maria ihren Sohn empfangen, hat ihn ohne Schmerzen geboren und bleibt auch nach der Geburt Jungfrau (Konzil von Chalcedon 451).

Bei der Jungfrauengeburt geht es um den Ausschluss der Sexualität und damit der Sünde, der Erbsünde. Die Geburt der Maria ohne Schmerzen zeigt, dass für Maria Gottes Strafe außer Kraft gesetzt ist.

Dieser Zusammenhang wird im Laufe der Auseinandersetzungen um die Geburt der Maria noch deutlicher.

Den Menschen im Mittelalter wird zunehmend bewusst, dass es nicht einmal ausreicht, dass Maria als Jungfrau Jesus geboren hat. Durch eine Jungfrauengeburt ist die Sünde der natürlichen Empfängnis zwar vermieden, aber es drängt sich die Frage nach der Erbsünde im Blick auf Maria selbst auf. Maria hat ja Anteil an der Erbsünde durch ihre Mutter.

Das lässt die Frage nach den Eltern der Maria, Anna und Joachim, aufkommen. Die Lösung, die sich im 12. Jahrhundert für die Empfängnis der Maria anbahnte und durchsetzte, ist die Vorstellung, dass schon Anna Maria unbefleckt empfangen hat.

Unter den Theologen wurden unterschiedliche Meinungen vertreten, wie es möglich ist, dass Maria keinen Anteil an der Erbsünde hat.

Viele Theologen setzen sich für die Vorstellung der unbefleckten Empfängnis ein. Ein Fest zur Unbefleckten Empfängnis am 8. Dezember fängt an Fuß zu fassen.

Bernhard von Clairvaux hat diese Lehre abgelehnt, weil Empfängnis für ihn immer mit Konkupiszenz, Begierde, Lust verbunden ist, und somit unheilig ist. Eine unbefleckte Empfängnis für die Entstehung der Maria hält Bernhard nicht für möglich.[39]

Es gibt wiederum Theologen, die sagen, dass Maria zwar in Sünden empfangen wird, aber im Mutterleib von der Erbsünde befreit wird und somit von allen aktuellen Sünden frei ist. Thomas von Aquin (1225–1274) z.B. vertritt die Meinung, Maria sei in Sünden empfangen, aber im Mutterleib sei sie zur Heiligen

---

[38] Bernhard von Clairvaux, zitiert bei Ernst Guldan, 1966, S. 57; Bernhard von Clairvaux, Homilia 2 Super Missus est 2-3; PL (Patrologiae cursus completus) 183, 62-63.

[39] Vgl. Norbert Mussbacher, Die Marienverehrung der Cisterzienser, Köln 1977, S. 166; Ernst Guldan, 1966, S. 57.

erhoben.[40] Hierbei hat das Verdienst Christi, die Erbsünde zu tilgen, vorausgewirkt, damit Jesus selber bei seiner Geburt in seiner menschlichen Natur vor der Sünde bewahrt wird.

Weil Eva Trägerin der Erbsünde ist, und die Sünde durch die Geburt weitergegeben wird, muss Maria aller Sexualität entkleidet werden, um frei von der Erbsünde Jesus zu gebären.

Für alle anderen Frauen aber gibt es den Weg, Kinder ohne Sexualität zu gebären, nicht. Der Weg, Jungfrau zu bleiben, war in der Kirche des Mittelalters hoch angesehen, aber es blieb der Weg für wenige.

So ist Maria – zumindest aus heutiger Sicht – im Blick auf die Sexualität und Sünde für Frauen keine Hilfe.

Und doch finden Frauen Hilfe bei Maria

Tatsächlich aber ist Maria dennoch sehr hilfreich für viele Frauen. Frauen haben ihren eigenen Zugang zu Maria. Frauen haben sich bei Geburten an Maria gewandt, obwohl ja ihre Geburten und die Geburt der Maria ganz und gar nicht vergleichbar sind.

Und selbst Christine de Pizan, die so unter der Rolle der Frau gelitten hat, hat bei Maria Hilfe gefunden. Als Christine auf Geheiß der Frau Vernunft, der Frau Rechtschaffenheit und der Frau Gerechtigkeit ihre Stadt baut, stellt sie diese unter den Schutz Marias.[41]

Die Frauen bitten Maria, sie möge Verteidigerin, Beschützerin sein, ein Schild gegen die Angriffe der Feinde und der Welt. Und Maria erfüllt diese Bitte.[42]

---

[40] Walter Delius, 1963, S. 159.
[41] Christine de Pizan, 1990, S. 38ff.
[42] Ebd., S. 249ff.

3. Eva als Heilige

Eva ist in einem Negativsog. Immer wieder entstehen neue Fragestellungen, neue Erzählzusammenhänge, und Eva rückt jedes mal erneut in ein noch ungünstigeres Licht als zuvor.

Aber – erstaunlich: es sind auch positive Schilderungen und Darstellungen der Eva zu finden.[43] Es gibt nicht viele Zeugnisse für diese positive Sicht von Eva und Adam – aber es gibt sie. Da sie ungewöhnlich sind und heute eher unbekannt, stelle ich einige vor.

Es wurden z.B. römische Goldgläser aus dem 4. Jahrhundert gefunden, die im normalen Alltagsleben eine Rolle gespielt haben. Sie zeigen Adam und Eva als erste Menschen.[44]

Unter den Glasbildern gibt es auch Goldgläser, die Eva als Braut darstellen. Diese Goldgläser werden wohl Hochzeitsgeschenke gewesen sein.[45]

Eva im Hochzeitsschmuck, Römisches Goldglas, 4. Jahrhundert[46]

---

[43] Vgl. zum Ganzen Ernst Guldan, 1966; Sigrid Esche, 1957.
[44] Sigrid Esche, 1957, S. 19f und 32.
[45] Ebd., S. 32.
[46] Ebd., S. 19.

Weiter gibt es Darstellungen in koptischen und kappadokischen Kirchen und Grabkapellen, in denen Adam und Eva als Heilige dargestellt werden; beide tragen einen Heiligenschein.[47]

Es wurden Inschriften gefunden, in denen sich Menschen an die Heiligen Adam und Eva wenden.

Darüber hinaus haben sich Bildzusammenhänge entwickelt, in denen Adam und Eva einen würdigen Platz finden und rehabilitiert werden.

Ab 1000 n. Ch. ist der Ort unter dem Kreuz Christi ein Platz, an den Adam und Eva gestellt werden. Dadurch werden sie zu den Erlösten gezählt. Das Bild eines sienesischen Meisters aus dem späten 14. Jahrhundert, auf dem der Maler die unter dem Kreuz liegende Eva mit einem Heiligenschein schmückt, macht das besonders deutlich.[48]

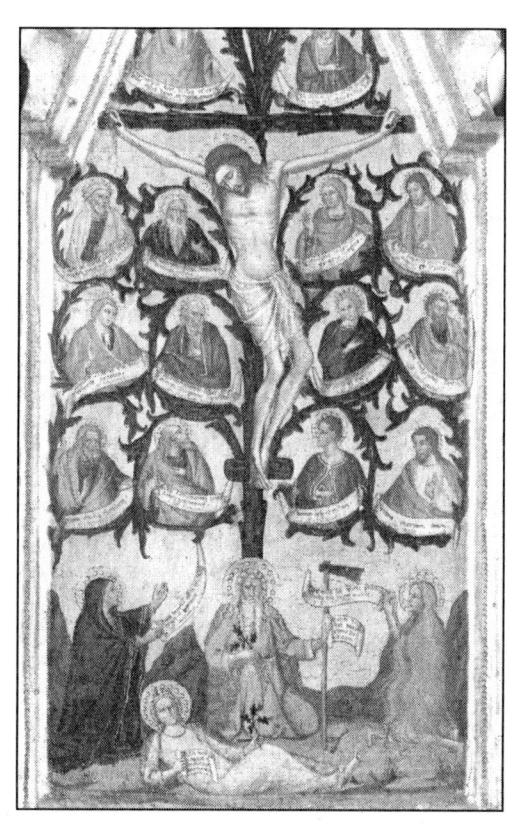

Paolo di Giov. Fei Nachfolge,
Der Lebensbaum, um 1400,
Landesgalerie Hannover[49]

---

[47] Ernst Guldan, 1966, S. 82f; Sigrid Esche, 1957, S. 34.
[48] Sigrid Esche, 1957, S. 35ff.
[49] Ebd., Tafel 39.

Ein zweiter Ort, der die Möglichkeit bietet, Adam und Eva positiv darzustellen, ist die Hölle bei der Höllenfahrt Christi.[50] Unser Glaubensbekenntnis erzählt davon, dass Christus zur Hölle niedergestiegen und am dritten Tage auferstanden ist von den Toten. Christi Abstieg zur Hölle hat eine Reihe von apokryphen Evangelien dazu angeregt, darüber nachzudenken, was in den drei Tagen geschah.

In diese Überlegungen sind Adam und Eva mit einbezogen worden. Adam und Eva werden als erste Sünder gesehen, aber auch als erste Menschen der Auferstehung.

Bei den apokryphen Evangelien handelt es sich um die Pilatus-Akten aus dem Nikodemus-Evangelium und das Bartholomäusevangelium.[51] Diese Erzählungen von Christi Höllenfahrt haben bildliche Darstellungen angeregt, auf denen Adam und Eva mit dem Heiligenschein zu sehen sind.

Ein dritter Ort, an dem Adam und Eva als Heilige Platz finden, ist der Himmel bei Marias Aufnahme in den Himmel. Es entwickelt sich der Glaube, dass Maria in den Himmel aufgenommen und dort von ihrem Sohn gekrönt wird. Damit verbindet sich die Vorstellung, dass viele Heilige an der Himmelfahrt und an der Krönung teilnehmen.[52]

In der Menge der Heiligen bekommen auch Adam und Eva ihren Platz.

Ein um 1330 entstandenes Werk der Capella in S. Croce zu Florenz stellt eine Marienkrönung in die Mitte; daneben gibt es zwei Tafeln mit Scharen von Heiligen. Und in der ersten Reihe, zur Rechten des himmlischen Paares Maria und Christus, führen Adam und Eva mit goldenem Heiligenschein den Reigen der Heiligen an.

Ich bin erleichtert und zufrieden, dass sich auch positive Darstellungen von Eva in der kirchlichen Kunst des Mittelalters finden: Eva als Braut, Eva als Heilige.

Das negative Bild von Eva ist jedoch das dominierende geblieben, vor allem deswegen, weil der Zusammenhang von Empfängnis, Geburt und Sünde nicht gelöst wird. So müssen Frauen im Mittelalter sich mit diesem schwierigen Frauenbild auseinandersetzen und mit ihm leben.

Christine de Pizan habe ich zu Wort kommen lassen, um zu zeigen, welche Probleme dieses Denken einer Frau bereitet hat.

---

[50] Ebd., S. 41.
[51] Erich Weidinger, 1993, S. 467ff und S. 494ff.
[52] Sigrid Esche, 1957, S. 54; Ernst Guldan, 1966, S. 82.

4. Eva – die Mutter aller Lebenden
(heutige Exegese von 1. Mose 1-3)

Aus dem Sog des negativen Bildes hat erst die moderne Exegese, die sich der historisch-kritischen Methode verpflichtet fühlt, Eva befreit. Ein wirklich neues Evabild entwickelte sich ab Ende des 19. Jahrhunderts auf Grund sich verändernder exegetischer Grundlagen.

Da es mir darum geht, Eva – und mit ihr die Frauen – von diesem Negativimage zu befreien, gebe ich hier den Stand heutiger Exegese wieder. Dabei beleuchte ich besonders die Fragen, die dem Mittelalter wichtig waren.[53]

Die heutige Exegese versteht die Schöpfungserzählungen und die Paradies- und Sündenfallerzählung nicht als historischen Bericht.[54] Auf dem Hintergrund des mittelalterlichen Verständnisses muss deutlich ausgesprochen werden, dass heutige Exegese nicht von einem Schöpfungsakt Gottes als historischem Ereignis ausgeht. Nie hat Gott Adam als ersten erschaffen und Eva als zweite aus seiner Rippe, und nie hat Eva verbotenerweise den Apfel gepflückt. Nie hat es die Vertreibung aus dem Paradies als einmaliges historisches Ereignis gegeben.

Die Schöpfungserzählungen werden heute als mythische Erzählungen interpretiert.[55] Die Fragen, die an die Erzählungen gestellt werden, heißen nicht: was ist damals passiert, sondern: welche Wahrheiten erzählen die Geschichten?[56]

Die moderne Exegese berücksichtigt, dass es zwei Schöpfungserzählungen am Anfang des 1. Buches Mose gibt: die erste in 1. Mose 1,1-2,4a und die zweite in 1. Mose 2,4b-3,24 (Teile der Texte s. S. 20ff).

Die beiden Darstellungen werden als selbständige Erzählungen mit je eigenem theologischen Profil gesehen. So wird die zweite Erzählung zusammen mit

---

[53] Heute sind sowohl die katholische (O. Keel, S. Schroer und H. Schlüngel-Straumann) wie die protestantische (C. Westermann, G. v. Rad, J. Ebach) und die jüdische Exegese (R. Lapide), die sich mit den Schöpfungserzählungen befassen, der historisch-kritischen Exegese verpflichtet. Es gibt keine gravierenden Unterschiede zwischen der exegetischen Arbeit der verschiedenen Konfessionen. So hat das heutige Verständnis der Schöpfungserzählungen in der wissenschaftlichen Arbeit einen sehr breiten Konsens.
[54] Helen Schlüngel-Straumann, Genesis 1-11. Die Urgeschichte in Kompendium. Feministische Bibelauslegung, Hg. Luise Schottroff/Maria-Theres Wacker, Gütersloh 1998, S. 3.
[55] Vgl. z.B. Claus Westermann, Schöpfung, Stuttgart 1971, S. 23f.
[56] Die historisch-kritische Methode ist auch heute keineswegs selbstverständlich. Populärwissenschaftliche Arbeiten verstehen die Bibel weiterhin als historisches Buch. Dafür steht das Buch von Werner Keller „Die Bibel hat doch recht" genauso wie die gesamte Arbeit der Kreationisten. Auch der Spiegel vertritt bis heute dieses historische Verständnis. Wenn bei einem Text der Bibel nachzuweisen ist, dass etwas historisch nicht stimmt, dann hat die Bibel für den Spiegel (z.B. Der Spiegel, Nr. 52, 2002) unrecht.

der Erzählung vom Sündenfall nicht als Fortsetzung der ersten Schöpfungserzählung gelesen, auch nicht als deren Korrektur.[57]

Die erste Schöpfungserzählung in Gen. 1,1-2,4a ist die jüngere Geschichte (Teile des Textes s. S. 23f).[58] Die Erzählung ist in einem Tagesschema dargestellt, acht Schöpfungswerke werden – auf sechs Tage verteilt – erzählt. Die Erschaffungen an den einzelnen Tage beinhalten eine Steigerung. Höhepunkt ist die Erschaffung des Sabbats am 7. Tag.

Die Erschaffung des Menschen erfolgt am 6. Tag zusammen mit der Erschaffung der Landtiere. Zuerst werden die Tiere erschaffen, dann die Menschen. Das Nacheinander wird als Steigerung gesehen. Die später Geschaffenen sind nicht den früher Geschaffenen untergeordnet,[59] sondern eher umgekehrt.

Gott erschafft die Menschen als Mann und als Frau. Er erschafft beide gleichzeitig, und er erschafft Mann und Frau zu seinem Bilde.

Beiden, Mann und Frau, kommt die gleiche Würde zu, denn beide, Mann und Frau, sind nach dem Bild Gottes geschaffen. Nichts klingt an von einer Unterordnung der Frau. Auch die Frau ist nach Gottes Bild erschaffen.

Schon diese Aussage der ersten Schöpfungserzählung macht deutlich, dass das Frauenbild des Mittelalters in dieser ersten Schöpfungserzählung keinen Anhalt hat.

Nach der Erschaffung der beiden Menschen segnet Gott sie. Die Menschen, Mann und Frau, sollen über die übrige Schöpfung als Stellvertreter Gottes wie ein guter Hirte herrschen.

Der Mensch hat eine Aufgabe. Arbeit und Aufgabe gehören zur guten Schöpfung und sind keine Strafe.[60]

Diese erste Schöpfungserzählung kennt keine Sündenfallgeschichte. Sie beschreibt Gottes gute Schöpfung. Nichts in dieser Welt wird als Strafe Gottes verstanden.

Gott gibt den beiden Menschen, Mann und Frau, den Auftrag, fruchtbar zu sein und sich zu mehren. Zeugen; Kinder gebären gehört zu Gottes guter Schöpfung. Nichts Negatives, Sündhaftes haftet der Sexualität und dem Kindergebären an. Gott entlässt die beiden, den Mann und die Frau, mit seinem Segen.

Die zweite Schöpfungserzählung in 1. Mose 2,4b-3,24 (Text s. S. 20ff) ist die ältere.[61] Sie informiert uns nicht, wie es am Anfang der Welt zugegangen ist. Es wird erzählt, wie die Welt, wie die Menschen, wie Gott zu verstehen ist.

---

[57] Helen Schlüngel-Straumann, 1998, S. 3.
[58] Diese Erzählung gehört in einen Komplex, der Priesterschrift genannt wird und deren Entstehungszeit im Exil (nach 587 v. Ch.) und danach angenommen wird.
[59] Helen Schlüngel-Straumann, 1998, S. 9.
[60] Ebd., S. 9.
[61] Der Erzähler wird Jahwist genannt; datiert wird die zweite Schöpfungserzählung in die Königszeit (10.–6. Jahrhundert); dazu Helen Schlüngel-Straumann, 1998, S. 2.

1. Mose 2 erzählt, wie Gott das Miteinander von Frau und Mann geplant hat: Mann und Frau freuen sich aneinander (1. Mose 2,23). Sie sind „isch" und „ischa", Bein vom Bein.[62]

Auch die zweite Schöpfungserzählung beschreibt keine Unterordnung der Frau unter den Mann. In der mittelalterlichen Interpretation wird die Unterordnung der Frau damit begründet, dass sie als zweite nach dem Mann geschaffen wurde. Schon das 7-Tage-Schema der ersten Schöpfungserzählung zeigt, dass das Nacheinander eine Steigerung ist, nicht ein Abfall; es läuft alles auf den Höhepunkt zu. Danach ist Eva als die zweite gerade nicht die Unterzuordnende.

Auch die Tatsache, dass Gott die Frau aus der Rippe des Mannes gemacht hat, ist kein Beweis für die Abwertung der Frau. Gott schafft Eva aus der Rippe des Mannes, und mit Freude begrüßt Adam seine (gleichwertige) Partnerin als Bein von seinem Bein.

Weiter stützt die Kirche ihre Meinung, die Frau sei dem Manne untergeordnet, darauf, dass Gott die Frau dem Manne als Gehilfin (Übersetzung M. Luther) geschaffen habe.

Helen Schlüngel-Straumann[63] stellt richtig, dass das hebräische Wort für „Gehilfin" dieses Verständnis nicht deckt. Das hebräische Wort „äzär" meint nicht untergeordnete, dienende Hilfe. Das Wort „äzär" wird oft für Gottes Hilfe benutzt. Noch dazu ist Hilfe ergänzt durch das Wort „gegenüber". Eine Hilfe, dem Manne gegenüber also, hat Gott geschaffen.

Eine kritische Partnerin ist die Frau für den Mann nach Gottes Meinung.

In der Geschichte der Erschaffung der Frau in der zweiten Schöpfungserzählung hat die Kirche vielerlei Möglichkeiten gesehen, die Frau als dem Mann untergeordnet zu verstehen.

Keines der exegetischen Argumente, das die Kirche des Mittelalters aus der zweiten Schöpfungsgeschichte zu gewinnen glaubte, hält heutiger Exegese stand. Die Frau ist auch nach der zweiten Schöpfungserzählung eine dem Manne ebenbürtige und dazu kritische Partnerin.

Weiterhin deutete die Kirche des Mittelalters die sogenannte Sündenfallgeschichte (1. Mose 3) als Beginn der Sünde, die mit Eva in die Welt gekommen ist.

Evas Apfelraub hat die Kirche des Mittelalters als reales Ereignis verstanden. Heutige Exegeten verstehen auch die Geschichte Evas mit dem Apfel als mythische Erzählung, nicht als historischen Bericht.

1. Mose 3 erzählt die vielen Folgen des Apfelraubes:

Das Essen des Apfels hat zu allererst Folgen für Adam und Eva. Nachdem Adam und seine Partnerin von dem Apfel gegessen haben, sehen sie, dass sie

---

[62] Ebd., S. 4.
[63] Ebd., S. 4.

nackt sind, und die beiden schämen sich. Das Vertrauen zwischen Adam und seiner Partnerin ist gestört.

Als Gott Adam zur Rede stellt, macht er – anstatt zu seiner Tat zu stehen – seine Frau zum Sündenbock. Das gestörte Verhältnis der beiden verschlechtert sich weiter.

Gottes Reaktion auf Evas und Adams Handeln, die Vertreibung aus dem Paradies, werden von der Kirche im Mittelalter als Strafe verstanden.

In der heutigen Exegese werden Gottes Worte verstanden[64] als Beschreibung dessen, was in dieser Welt ist, wie es in dieser Welt zwischen Mann und Frau zugeht. Die Menschen leben nicht in einem Paradies. Mühselig ist die Arbeit und schwierig sind die Schwangerschaften und Geburten. Der Erfahrung in dieser Welt entspricht es, dass der Mann über die Frau herrscht.

Gottes Worte sind keine Gebotssätze.[65] Gemeint ist nicht so sehr: „Mit Schmerzen sollst du Kinder gebären", wie die Zürcher Bibel übersetzt. Zu übersetzen ist im Präsens oder im Futur: „Du hast Mühen bei deiner Geburt."

Im Hinblick auf die Schmerzen stimmt noch ein Weiteres in der traditionellen Exegese nicht. Im Text steht nichts von Schmerzen geschrieben. Der Text spricht von Mühsal, Beschwernis – es ist das gleiche Wort Mühsal, mit dem auch die Arbeit des Mannes beschrieben wird. Also mühsam sind Schwangerschaft und Geburt.

Helen Schüngel-Straumann[66] weist noch darauf hin, dass die Beschreibung der Geburt eine typisch männliche Sicht ist. Für die Frau hat die Geburt Mühe, aber auch vor allem große Freude. Die Freude über die Geburt eines Kindes wird in dieser Erzählung völlig ausgeblendet.

Das Wort Sünde kommt in der Erzählung überhaupt nicht vor, noch weniger das Wort Erbsünde. Auch in der Sache hat eine Erbsünde keinen Anhalt in der Erzählung. Eva mit dem Beginn der Erbsünde in Zusammenhang zu bringen, ist von der Erzählung aus nicht zu vertreten, dieses Verständnis hat sich später entwickelt.

Ruth Lapide[67] wehrt aus jüdischer Sicht ab, dass mit Eva das Böse in die Welt gekommen sei. Für Lapide ist Augustins Vorstellung, die Erbsünde sei mit Eva in die Welt gekommen, und wir alle sündigen, weil Adam und Eva gesündigt haben, völlig unverständlich. Menschen sündigen *wie* Adam und Eva und nicht *weil* Adam und Eva gesündigt haben. Es gibt für Lapide keine Kollektivschuld und keine Kollektivunschuld. Jeder Mensch trägt für sich die Verantwortung.

---

[64] Ebd., S. 5.
[65] Ebd., S. 5.
[66] Ebd., S. 5.
[67] Ruth Lapide/Walter Flemmer, Kennen Sie Adam, den Schwächling? Ungewöhnliche Einblicke in die Bibel, Stuttgart/Zürich 2003, S. 30.

Ruth Lapide[68] hält sich an das Sündenverständnis der Kainsgeschichte in 1. Mose 4. Da steht von der Sünde: Die Sünde lauert vor der Tür, aber wir können ihrer Herr werden. Sünde haftet uns nicht als ausweglose Erbsünde an. Aber sie ist ständig gegenwärtig. Die Sünde kann jedoch von uns Menschen vermieden werden.

Das Mittelalter sieht einen Zusammenhang zwischen Sünde und Tod. Durch Eva sei die Sünde in die Welt gekommen und mit der Sünde der Tod. So sei also durch Eva der Tod in die Welt gekommen. Aber nach 1. Mose 3 bedeutet der Name Eva das Gegenteil, nämlich „Mutter aller Lebenden".

Die Frau bekommt in dieser zweiten Schöpfungserzählung zwei Namen. Als Adam seine Frau das erstemal sieht, nennt er sie ischa (heute noch im Jiddischen die Ische). Dieser Name kommt aus dem Wortspiel „ischa" passend zu „isch" (Mann).

Erst nach dem Essen des Apfels gibt Adam seiner Frau den Namen Eva – hawwah –, abgeleitet von haj = Leben: Eva, Mutter aller Lebenden (1. Mose 3, 20).

Gerade dieser Name Eva, Mutter aller Lebenden, der Eva nach dem Apfelraub gegeben wird, zeigt, dass die Deutung der Kirche des Mittelalters, die Eva als Quelle des Todes sieht, durch den Text der zweiten Schöpfungserzählung nicht gestützt wird.[69]

In der apokryphen Adamliteratur zeigte sich deutlich die Tendenz, Adam gegenüber Eva zu entlasten. Der Timotheusbrief im Neuen Testament gibt

---

[68] Ebd., S. 29.
[69] Der Name ‚Eva, Mutter aller Lebenden' ist auffallend im Text. Der Name kommt in der gesamten hebräischen Bibel nicht vor. Helen Schüngel-Straumann (1998, S. 5) hält den Namen für einen Zusatz. Auffallend ist der Zeitpunkt, zu welchem Adam seine ischa Eva nennt. Erst als Eva mit dem Apfel in Berührung gekommen ist, nennt Adam sie ‚Eva, Mutter aller Lebenden'. Für die jüdische Tradition, so sagt Ruth Lapide (2003, S. 14), ist dieser Name – Mutter aller Lebenden – wichtig, weil er ein positives Frauenverständnis zeichnet. Andere Exegeten gehen noch weiter und sehen in diesem singulären Namen den Titel der alten Göttin (so z.B. Sonja Rüttner-Cova, Frau Holle, die gestürzte Göttin. Märchen, Mythen, Matriarchat, 3. Aufl., Basel 1986, S. 79). Die Germanen riefen die Sonne mit den Worten an: „leuchtende Jungfrau, Mutter allen Lebens". Mir leuchtet auch eher ein, dass ein alter Titel so eng mit Eva verbunden war, dass er in dieser Erzählung nicht übergangen werden konnte, und darum wohl kaum ein späterer Zusatz ist. Der Jahwist wird Erzählungen gekannt haben, in denen Eva die Rolle der Mutter aller Lebenden hatte und die Herrin des Gartens, und damit die Herrin der Äpfel, war. Das würde auch erklären, warum Eva nicht von Anfang an Eva heißt, sondern erst nach dem Apfelessen diesen Namen bekommt. Der Name Eva gehört dann zum Garten und nicht zur Erschaffung der Menschen. Es ist mir auch deshalb nicht plausibel, ‚Mutter aller Lebenden' als späteren Zusatz einzuschätzen, weil die Bibel im weiteren Erzählzusammenhang Eva gar nicht als Mutter aller Lebenden schildert. In 1. Mose 5,1ff (gehört in die Priesterschrift) werden alle Menschen von Adam bis Noah genannt, und alle Menschen werden von ihrem Vater gezeugt; eine Mutter wird nie erwähnt.

sogar Eva allein die Schuld. Auch diese Interpretation hat keinen Anhalt im Text des ersten Testaments und wird von der heutigen Exegese nicht geteilt.

Die Erzählung 1. Mose 3 hält Adam und Eva für schuldig. Gott zieht Adam zur Rechenschaft und für beide wird das Leben mühevoll, beide werden aus dem Paradies vertrieben.

Ruth Lapide[70] weist ausdrücklich darauf hin, dass Adam bei dem Gespräch mit der Schlange dabei gewesen ist. Er war da und sagte nichts. Er nahm den Apfel ohne Einspruch und Kommentar. Lapide betitelt Adam als „sturen, nicht widersprechenden Mit-Esser". Eva ist die Aktive, die allein Handelnde.

Helen Schüngel-Straumann[71] macht sich Gedanken, warum Eva das Gespräch mit der Schlange unter dem Baum allein führt. Den Grund dafür sieht sie in der altorientalischen Ikonographie, die eine große Nähe von Frau und Baum herstellt. Weiter sei das Zu-Essen-Geben eine Sache der Frau gewesen.

Der Erzähler sei also einem bestimmten Formzwang unterworfen, als er Eva unter dem Baum mit der Schlange reden ließ. Mit einer größeren Nähe von Frau und Sünde habe dies nichts zu tun.

In Ruth Lapides Betitelung von Adam als „nicht widersprechender Mit-Esser" ist eine charakterliche Abwertung enthalten. Ich würde die Erklärung für Adams völlige Passivität auch in bekannten vorgegebenen Erzählungen suchen. Die Griechen, die Kelten, die Germanen erzählen von Apfelgärten, deren Herrinnen dem Mann den Apfel geben. In diesen Geschichten hat der Mann die Rolle, den Apfel aus der Hand der Frau (Göttin) entgegenzunehmen. Mehr Aktivität verlangt diese Rolle nicht. Die mangelnde Aktivität ist sachgemäß und nicht ehrenrührig.

Erzählungen von Gärten, deren Herrinnen Frauen (Göttinnen) gewesen sind, werden dem Erzähler des biblischen Textes bekannt gewesen sein. Er hat dann Adam, ohne Veränderungen an seinem Verhalten vorzunehmen, in seinen Garten unter den Baum der Erkenntnis des Guten und Bösen mit den verbotenen Äpfeln versetzt.

Dies hat die Kirche im Mittelalter sehr stark zu ungunsten der Frau interpretiert. Eva, und mit ihr die Frau schlechthin, wird als Sünderin gesehen. Diese negative Sicht ist als spätere, nicht sachgemäße Interpretation zu werten. Die biblische Erzählung ist gegen ihre Wirkungsgeschichte zu lesen.

Die Kirche hat über viele Jahrhunderte Eva als Sünderin propagiert, ja sogar als Trägerin der Erbsünde. Frauen werden als Töchter Evas ebenso negativ gesehen.

Viele Menschen, vor allem Frauen, haben bis heute dieses negative Frauenbild oder Teile davon – noch – verinnerlicht. Das kollektive Gedächtnis hat große Macht.

---

[70] Ruth Lapide/Walter Flemmer, 2003, S. 31.
[71] Helen Schüngel-Straumann, 1998, S. 4.

Christine de Pizan hat es nicht erlebt, dass Eva und mit ihr die Frauen positiv gesehen werden. Sie hat aber in Maria ein Bollwerk gegen die bösartigen Belagerer gefunden.

Die moderne Exegese, die konfessionsübergreifend ist, hat Eva von ihrem negativen Bild befreit. Aber wir haben weiterhin mit den Folgen der Wirkungsgeschichte der traditionellen Exegese zu tun. Und die Exegese, die mit der historisch-kritischen Methode arbeitet, ist nicht so allgemein verbreitet, wie es für die Durchsetzung eines neuen, positiven Eva-Verständnisses nötig wäre. Weiter fehlen Dichtung (mit einigen Ausnahmen) und bildende Kunst, die sich des neuen Evabildes annähmen und zu seiner Verbreitung beitrügen.

Im nächsten Kapitel befasse ich mich mit einigen heiligen Frauen, so wie mit Maria und der heiligen Anna.

Die heiligen Frauen werden in der selben Kirche verehrt, die so ein schlechtes Bild von der Frau hat und verbreitet.

Mein Interesse liegt darin, zu erfahren, wie es zu der Verehrung der heiligen Frauen kommt, und welchen Gewinn diese Verehrung den Frauen und Männern im Mittelalter gebracht hat und ebenso, was die Verehrung der heiligen Frauen heute Frauen und Männern bedeuten kann.

II. Kapitel: Die heiligen Frauen – ein positives Gegenbild zum negativen Eva- und Frauenbild der Kirche

In der mittelalterlichen Kirche, die über Jahrhunderte eine negative Sichtweise der Frau tradiert und theologisch verteidigt hat, gibt es heilige Frauen und haben heilige Frauen Machtpositionen und Möglichkeiten, die Frauen in einigen Kirchen bis heute nicht zugestanden wird: sie predigen und geben das Sterbesakrament.

Ich versuche im folgenden, dieses erstaunliche Phänomen zu ergründen und verständlich zu machen, wie es kam, dass heilige Frauen in der Kirche solche Positionen erlangen konnten. Dazu beschäftige ich mich mit der heiligen Katharina, Barbara, Margareta und Ursula, sowie mit Maria und der heiligen Anna.

1. Die heilige Katharina – eine große Predigerin

Die Banklaken der heiligen Katharina, die die Nonnen im Kloster Lüne gestickt haben und die dort heute noch zu sehen sind, wurden im Jahr 1500 fertiggestellt (siehe S. 13f). Es ist ein Banklaken in zwei Teilen, von denen jeder Teil 68 cm hoch und gut 5 m breit ist. 10 Meter also haben die Frauen Stich für Stich die Legende der heiligen Katharina in Bildern ausgedrückt.[1] Qualitätsarbeit leisteten sie dabei.

Tausende Menschen kommen jedes Jahr, bewundern die Banklaken und lassen sich die Legende der heiligen Katharina erzählen.

Exkurs

Die bedeutendste Legendensammlung im Mittelalter ist die Legenda Aurea von Jakobus de Voragine.[2]

Jakobus de Voragine war Dominikanermönch, 1292 wurde er Erzbischof von Genua. Vom Jahre 1263 an hat Jakobus die Legenden der Heiligen zusammengetragen. Er verarbeitete in seinem Werk eine Fülle von schriftlichen und mündlichen Quellen.

---

[1] Horst Appuhn, Bildstickereien des Mittelalters im Kloster Lüne, Dortmund 1983, S. 56ff.
[2] Jakobus de Voragine, Die Legenda Aurea, Übersetzung von Richard Benz, 13. Aufl., Gütersloh 1999.

Er selbst versteht sich als Sammler der Legenden.[3] Weil das Quellenmaterial, das ihm vorliegt, oftmals sehr spärlich ist, erzählt er die Legenden zum Teil auch selber. Jakobus hat seine Vorlagen auch kritisch bearbeitet, er hat Wesentliches vom Unwesentlichen getrennt, Glaubwürdiges vom Unglaubwürdigen geschieden.[4]

Jakobus schreibt für das Volk. Er will das Leben der Heiligen für den „Kultus, für Andacht und Anbetung ... sichern".[5] So ordnet Jakobus die Legenden der Heiligen in das Kirchenjahr ein. Die Legenden bieten die Grundlage zum Feiern der Feste der Heiligen.

Die Sammlung wird auch zur Priesterausbildung genutzt, zur rechten Versorgung der Priester mit Predigtliteratur; damit finden die Legenden Eingang in die Kirche.

Lediglich die Legende der heiligen Anna hat nach seiner Zeit um 1480 noch einmal einen starken neuen Erzählimpuls erhalten. Es werden Annenviten erzählt, und die Verehrung der heiligen Anna erlebt in der Zeit und in der neuen Form noch einmal eine große Blüte (s. S. 130ff).

Jakobus hat mit seiner Legendensammlung sehr großen Erfolg gehabt. Sie ist in mehr als 900 Handschriften überliefert und hat in seiner Zeit und in den darauf folgenden Jahrhunderten fast mehr Bedeutung als die Bibel erlangt.[6]

Die Legendensammlung erhält im späten Mittelalter den Titel Legenda Aurea – goldene Legende. Die goldene Legende hat in hohem Maße die Kunst beeinflusst. Malerei, Baukunst und Plastik lassen sich von den Legenden inspirieren. So trägt wiederum die Kunst zur Verbreitung der Heiligenverehrung bei.

Legende[7]

Katharina war die in Purpur geborene Tochter des Königs Costus von Alexandrien. Der Vater hatte Katharina in allen freien Künsten ausbilden lassen.

Als Katharina 18 Jahre alt war, kam Kaiser Maxentius nach Alexandrien. Der Kaiser befahl allen, den Göttern zu opfern. Einige Christen schlossen sich aus Furcht um ihr Leben den Opfern an. Katharina drang mutig bis zum Kaiser vor und stellte ihn wegen der sinnlosen Götzenopfer zur Rede.

Der Kaiser war sehr angetan von Katharinas Beredsamkeit, und er bewunderte die Schönheit ihres Leibes.

---

[3] Ebd., Einleitung, S. X.
[4] Ebd., S. XVff.
[5] Ebd., S. XVII.
[6] Arnold Angenendt, Geschichte der Religiosität im Mittelalter, Darmstadt, 1997, S. 233.
[7] Jakobus de Voragine, Die Legenda Aurea, 1999, S. 704ff.

Katharina stellte sich dem Kaiser vor als die in Purpur geborene Tochter des Königs Costus. Sie sagte dem Kaiser aber auch, dass sie sich Jesus Christus verschrieben habe.

Katharina redete klug mit dem Kaiser, sie zitierte alte Philosophen und Dichter.

Der Kaiser beschloss, alle seine Gelehrten zu einem Gespräch mit Katharina zusammenzuholen. Er versprach seinen Gelehrten großen Lohn, wenn sie Katharina mit Argumenten übertreffen könnten.

50 Gelehrte reisten an. Als sie erfuhren, dass sie mit einem Mädchen disputieren sollten, waren sie empört. Sie meinten, einer ihrer Schüler würde reichen, um ein Mädchen zum Schweigen zu bringen.

Der Kaiser sagte zu den Gelehrten, er hätte ja das Mädchen zwingen können, den Göttern zu opfern, er wollte sie aber durch die Argumente der Gelehrten überzeugen.

Katharina befahl sich ganz dem Herrn, ein Engel stärkte sie, und die Disputation begann.

Das Thema war die Menschwerdung Gottes und sein Leiden. Ein Leiden Gottes hielten die Gelehrten für unmöglich.

Katharina aber hielt dagegen, dass schon Plato und auch die Sibylle dieses vorhergesagt hätten.

Katharina widerlegte die Argumente der Gelehrten, und die Gelehrten waren bestürzt und verstummten.

Der Kaiser war sehr wütend, dass sich die Gelehrten von einem Mädchen besiegen ließen.

Die Gelehrten bekräftigten, dass sie gegen Christus keine beweiskräftigen Argumente vorzubringen hätten. Wenn der Kaiser es auch nicht könnte, wollten sie sich zu Christus bekennen.

Der Kaiser befahl, die fünfzig Gelehrten in der Stadt zu verbrennen. Katharina stärkte sie. Die 50 Gelehrten starben den Märtyrertod.

Der Kaiser wollte Katharina retten. Er bot ihr an, sie zu der zweiten Frau im Reich nach der Kaiserin zu machen.

Katharina lehnte dieses Angebot ab. Sie sagte: „Ich habe mich Christus als Braut gegeben. Er ist mein Ruhm, meine Liebe, meine Wonne und Freude." Sie fuhr fort: „Weder Schmeicheleien noch Folter werden mich von seiner Liebe abbringen können."

Der Kaiser befahl, Katharina in den Kerker zu werfen und 12 Tage hungern zu lassen.

Nach diesem Befehl musste der Kaiser eine Reise antreten.

Die Kaiserin entbrannte in Liebe zu Katharina.

Sie eilte mit Porphyrius, dem Befehlshaber der Soldaten, in den Kerker zu Katharina. Sie fand den Kerker in hellem Licht, Engel versorgten Katharina.

Katharina unterwies die Kaiserin im Glauben. Porphyrius nahm mit zweihundert Soldaten den christlichen Glauben an.
Christus sandte Katharina eine weiße Taube, die sie mit himmlischen Speisen versorgte.
Der Kaiser fand bei seiner Rückkehr Katharina noch strahlender vor als zuvor. Er ließ die Wächter foltern, weil er argwöhnte, sie hätten Katharina Nahrung gebracht.
Es entspann sich ein Gespräch zwischen Katharina und dem Kaiser. Der Kaiser bot Katharina wiederum an, eine mächtige Königin zu werden, Katharina solle wählen.
Katharina beschrieb die Wahl mit ihren Worten: es sei eine Wahl zwischen dem Mächtigen, Ewigen, Ruhmreichen und Herrlichen und auf der anderen Seite – gemeint ist der Kaiser – dem Schwachen, Sterblichen, Ruhmlosen und Hässlichen.
Der Kaiser war empört. Er drohte Katharina alle erdenklichen Foltern an.
Katharina antwortete, sie wolle ihr Fleisch und Blut Christus darbringen. Er sei nämlich ihr Gott, ihr Liebhaber, ihr Hirte, ihr einziger Gemahl.
Eine Foltermaschine aus vier Rädern mit Eisensägen und spitzen Nägeln wurde gebaut.
Katharina bat den Herrn, er möge, um das dabeistehende Volk zu bekehren, die Foltermaschine in Stücke sprengen.
Ein Engel des Herrn zerbrach die Foltermaschine mit solcher Wucht, dass 4000 Heiden dadurch umkamen.
Die Kaiserin aber, die vom Fenster aus zugesehen hatte, kam herunter und tadelte ihren Gemahl.
Der Kaiser entbrannte vor Wut und befahl, der Kaiserin die Brüste abzureißen und sie dann zu enthaupten.
Katharina stärkte die Kaiserin. Die Soldaten führten sie zur Stadt hinaus und töteten sie.
Porphyrius war gefolgt, nahm ihren Leichnam und beerdigte die Kaiserin.
Der Kaiser suchte voll Zorn den Leichnam seiner Frau und ließ viele Menschen töten, als er ihn nicht fand.
Da bekannte sich Porphyrius zu der Tat, und er bekannte sich auch zu seinem christlichen Glauben.
Der Kaiser war wütend und verzweifelt, weil er nun auch von Porphyrius, dem einzigen Hüter seiner Seele und Trost in allen Mühen, hintergangen war.
Er ließ Porphyrius mit vielen Menschen enthaupten.
Immer noch versuchte der Kaiser, Katharina zu gewinnen, er will sie nun – nach dem Tod der Kaiserin – zur ersten Frau in seinem Reich machen. Katharina schlug seinen Wunsch ab und wurde zum Tod durch Enthaupten verurteilt.
Am Hinrichtungsplatz betete Katharina zu Christus: „O Du Hoffnung und Heil der Gläubigen, Zierde und Ruhm der Jungfrauen! Jesus, guter König, ich

bitte dich inständig: Jeder, der meines Martyriums gedenkt oder mich im Sterben oder sonst in einer Not anruft, erlange den Erweis Deiner Gnade!"

Da hörte man eine Stimme: „Komm, meine Geliebte, meine Braut! Siehe, Dir steht das Himmelstor offen! Und allen, die mit Andacht die Erinnerung an deine Passion feiern, verspreche ich vom Himmel die erbetene Hilfe."

Als sie enthauptet wurde, floss aus ihren Wunden Milch statt Blut.
Und Engel nahmen ihren Leib und trugen ihn zum Sinai.

4. Bild aus dem ersten Banklaken: Katharina verlobt sich mit Christus, Fertigstellung um 1500, Kloster Lüne[8]

Die Nonnen im Kloster Lüne, die ihre Banklaken nach dieser Legendenfassung der goldenen Legende sticken, nehmen am Anfang in ihren Teppich noch eine Variante der Legende mit auf.

In einem Manuskript von 1370[9] beginnt die Legende schon in der Zeit vor der Bekehrung der Katharina. Katharina ist in dieser Fassung die Tochter des Halbbruders Kaiser Konstantins. Sie führt ein freies Leben und weist alle Freier als ihr nicht ebenbürtig ab.

---

[8] Foto: Karsten Schmaltz, Lüneburg.
[9] Catalogus Sanctorum des Petrus de natalibus (X 105) aus der Zeit 1370, zitiert in: Artikel Katharina v. Alexandria, in: Marienlexikon, hg. im Auftrag des Institutum Marianum Regensburg E.V. von R. Bäumer/L. Scheffczyk, 3. Bd., St. Ottilien 1991, S. 530.

Ein Eremit unterweist sie im christlichen Glauben und bringt ihr Christus als den eigentlichen Bräutigam nahe. Katharina wird getauft. In der Nacht nach der Taufe erscheint ihr Maria mit dem Kind. Jesus steckt Katharina als Zeichen ihrer Vermählung einen Ring auf den Finger. Daraufhin versteht sich Katharina als treue Braut Christi und weist alle weiteren Anträge ab.

Das erste Bild des ersten Banklakens im Kloster Lüne zeigt Katharina auf einem Pferd; ein Hund begleitet sie. Es die Zeit, in der Katharina frei lebt und arrogant jeden Freier ablehnt.

Das zweite Bild zeigt Katharina bei dem Eremiten, der sie im christlichen Glauben unterweist und ihr Christus als den eigentlichen Bräutigam nahe bringt. Die Nonnen sticken als viertes Bild die Verlobung Jesu mit Katharina (s. Abb. S. 52).

Katharina – eine integre und hoch verehrte Frau

Legende

Die Legende erzählt, dass Katharina eine sehr schöne Frau ist. Der Kaiser ist von ihrer Erscheinung so angetan, dass er mehrere Male den Wunsch äußert, sie für sich zu gewinnen.

Die Schönheit wird in jeder Hinsicht positiv gesehen, kein Makel haftet an ihr, sie ist nicht Quelle der Versuchung, und sie ist ohne alle Nähe zur Sünde.

Katharina wird als eine außerordentlich kluge Frau geschildert. Sie ist belesen, sie kennt die heidnischen Philosophen und Dichter und die Sibylle. Sie versteht es, mit 50 Gelehrten so zu disputieren, dass sie gewinnt. Solche Begabungen sind nach dem kirchlichen Frauenverständnis des Mittelalters eigentlich nicht möglich.

Vor allem aber wird Katharina als große Predigerin des christlichen Glaubens dargestellt. Sie bekehrt viele Menschen und sie bekehrt sie so erfolgreich, dass sie gleich zum Martyrium fähig und bereit sind, wie die 50 Gelehrten, die Kaiserin und Porphyrius mit seinen 200 Soldaten.

Dass der Glaube an Christus ein Gewinn ist, der jeden Einsatz lohnt – auch den Einsatz des Leben – hat Katharina in vielfältiger Form überzeugend anderen Menschen deutlich gemacht.

Nach der Lehrmeinung der Kirche soll die Frau schweigen, nicht öffentlich reden, nicht predigen. Frauen durften, weil sie Frauen waren, nicht Priesterin werden, und sie dürfen es in vielen Kirchen bis heute nicht. Katharina verhält sich anders und hat damit Erfolg.

Katharina ist eine Frau, die Macht ausstrahlt und letztlich auch dem Kaiser überlegen ist.

In ihrer Sterbestunde bittet Katharina darum, dass Menschen, die sich in ihrer Not an sie um Hilfe wenden, auch Hilfe erfahren. In eigener Not berührt sie die Not anderer Menschen. Eine himmlische Stimme gewährt Katharina ihre Bitte.

In der Legende kann Katharina die Nöte der Menschen lindern, auch die, die von der Kirche durch Eva verursacht gesehen werden. Katharina gehört zu den 14 Nothelfern.

Die Ehe lehnt Katharina ab, sie hat sich entschieden, ihr Leben allein Christus zu weihen. Er ist ihr Bräutigam, ihr Ruhm, ihre Liebe, ihre Wonne und Freude. In diesem Verständnis zeichnet die Legende Katharina als eine Tochter der Kirche ihrer Zeit.

Katharina stirbt durch die Macht des Kaisers, aber der Tod kann ihr nichts anhaben. Engel tragen sie fort zu ihrem Bräutigam Christus, der sie erwartet.

Katharina wird als Heilige verehrt. Im Leben und im Tod unterliegt sie nicht der Macht der Mächtigen dieser Welt. Ihr steht das Himmelstor offen. Sie hat Teil am Ewigen.

Die Legende schildert Katharina als eine schöne, kluge, eigenständige, integre, starke Heilige. Diese Katharina passt nicht in das Frauenverständnis der Kirche im Mittelalter.

Es gibt Widersprüche im kirchlichen Frauenverständnis, ja eigentlich gibt es ein doppeltes Frauenverständnis in der Kirche. Einerseits wird Eva – und mit ihr alle Frauen – als Sünderin gesehen, und andererseits wird in derselben Kirche Katharina mit allerhöchsten Ehren verehrt.

Zu fragen ist, wie es zu diesem doppelten Frauenverständnis kommt und wo das positive Frauenverständnis seine Wurzeln hat?

Die Verehrung der heiligen Katharina drückt sich nicht nur im Erzählen ihrer Legende, in Predigten über die Legende aus, sondern Katharina werden wichtige Patronate zugewiesen:

Katharina ist zuständig für mehrere Städte, Kantone, Hochschulen und Bibliotheken. So ist sie Patronin der Kantone Wallis und Sitten und der Stadt Fribourg.

Philosophen, Theologen und Gelehrte haben Katharina als ihre Patronin gewählt. Und Mädchen, Jungfrauen und Ehefrauen haben sich unter ihren Schutz gestellt. Viele Kirchen wurden nach ihr benannt.

Darstellungen der heiligen Katharina

Das hohe Ansehen der heiligen Katharina drängt viele Künstler, Katharina bildlich darzustellen. Auf vielen Altären, Fensterbildern und an Kirchenportalen hat die heilige Katharina einen Platz gefunden. Die Legende dient den Künstlern dabei oft als Vorlage.

Heilige halten auf vielen Darstellungen ihr Marterwerkzeug als Beifügung in der Hand. So stellt eine große Zahl von Künstlern Katharina mit dem Rad dar.

Katharina mit gebrochenem Rad,
Hinrik Levenstede, um 1516,
St. Johannis, Elisabethkapelle,
Lüneburg[10]

Da Katharina mit einer Maschine aus vier Rädern, die von Engeln zersprengt wurde, gefoltert wurde, erhält Katharina oft auch das gebrochene Rad als Attribut. Als Zeichen der Klugheit wird Katharina zudem ein Buch in die Hand gegeben.

---

[10] Foto: Karsten Schmaltz, Lüneburg.

Heilige Katharina mit Rad, Predella
des Hochaltars, Kloster Lüne[11]

Katharina zu Füßen Kaiser Maxentius,
Jan-Bormann um 1522,
Güstrow, Pfarrkirche[12]

---

[11] Foto: Karsten Schmaltz, Lüneburg.
[12] Foto: Darr Reichenbach.

Manche Maler nehmen auch das Motiv des Kaisers Maxentius, der Katharina zu Füßen liegt, in das Bild auf, als Zeichen, dass Katharina letztlich die Macht hat (s. Abb. S. 56 unten).

Neben einzelnen Bildern aus ihrem Leben werden von Katharina auch Bilderzyklen erstellt, die ihr ganzes Leben erzählen. Die Banklaken im Kloster Lüne teilen ihr Leben in 22 Bilder. Das letzte Bild erzählt Katharinas Tod und ihr Begräbnis durch die Engel.

Die goldene Legende entfaltet die Ereignisse um Katharinas Tod und ihr Begräbnis noch weiter. Nach ihrem Tod wird sie von Engeln in den Sinai getragen, wo sie im Katharinenkloster begraben wird.

Auch von dieser Überführung gibt es bildliche Darstellungen. Die Brüder von Limburg (1411–1416) malen die Ankunft der heiligen Katharina beim Kloster im Sinai. Drei Engel tragen den Körper der heiligen Katharina, sie schweben mit ihr über dem Kloster, das unten in den Felsen liegt.[13]

Die Verehrung der heiligen Katharina und verschiedene Göttinnentraditionen

Es gibt in der bildenden Kunst auch viele Darstellungen, deren Motive weit über die Legende der heiligen Katharina hinausgehen. So steht Katharina im Marienaltar in Stendal z.B. vor einer großen Sonne (s. Abb. S. 58).

Das Motiv der Sonne hat keinen Anhalt in der Legende. Es kommt aber in manchem Brauchtum der Katharina vor. In einigen Kinderreimen wird Katharina mit der Sonne und dem schönen Wetter in Verbindung gebracht.[14]

Im Schwaben heißt es:
Sonnche, Sonnche, scheine,
Maria, Kathareine.

Ein Kinderlied aus dem Aargau singt:
Käferli flüg, flüg über di Rhi,
säg der heilg Sant Chäteri (Katharina)
es sött morn schön wetter si.

Der Käfer ist der Marienkäfer. Im Aargau heißt der Käfer Ann-Kethrineli.

Im Niederdeutschen heißt ein Lied:
Läwe, läwe Trine (Katharina)
lat de suntke schine.

---

[13] In Buchmalerei der „Très riches heurs du Duc de Berry", Metropolitan Museum of Art in New York.

[14] Lore Kufner, Getaufte Götter. Heilige zwischen Mythos und Legende, München 1992, S. 126f.

Marienaltar in der St. Marienkirche in Stendal, Katharina (links), Maria in der Mitte, rechts Barbara, 1470[15]

Katharina bringt nicht nur das schöne Wetter, sie macht es auch:
> *Blaue, blaue Wolken!*
> *Maria hat gemolken*
> *sieben Küh in einem Stall*
> *Jungfer Katharina*

Man kann sich das so vorstellen: Maria thront in ihrem himmlischen Wolkensitz, sie melkt die Kühe – mit anderen Worten: sie bringt die Wolken zum Regnen. Nach dem Regen kann dann Katharina die Sonne herausbringen.

In den Zusammenhang der Sonne gehört ebenso das Rad. Einerseits ist das Rad eines der Marterwerkzeuge der Katharina, andererseits erinnert es an das Sonnenrad.

Auch das gebrochene Rad gehört zur Sonne. Es ist das Symbol der Wintersonne.[16] Dazu passt, dass der 25. November der Festtag der heiligen Katharina

---

[15] Kirchenführer St. Marienkirche, Stendal, von Kurt Rönnebeck, 1993, S. 21. Foto: J. Ullrich, Stendal.
[16] Ebd., S. 130f.

ist. Die Vegetationszeit ist zu Ende, der Kreislauf der Natur scheint unterbrochen zu sein. Die Sonne wird immer schwächer, ihr Radius immer kleiner und ihre Zeit immer kürzer.

Der 25. November ist auch im alltäglichen Leben ein wichtiger Tag für die Menschen im Mittelalter. Er ist ein Bauernlostag. Die Arbeit auf dem Feld und auf der Weide ist beendet. Für die Arbeiter ist ihr Arbeitsverhältnis abgelaufen.

Ende November finden die Kathrinenmärkte statt. Die Bäuerin kauft noch einmal für den Winter ein. Für die Jugend gibt es den Kathreinstanz. Dann beginnt die stille Zeit: „Kathrein stellt den Tanz ein."

Am 25. November ist auch der Beginn der Weihnachtsbäckerei. Im Weichselgebiet werden die Thorner Kathrinchen gebacken, in den Niederlanden die „Cattern Cakes" – runde Kekse, die die Sonnenscheibe abbilden.

Das Motiv der Sonne, das in so vielfältiger Weise Katharina begleitet, hat seinen Ursprung nicht in der Legende. Der Herkunft dieses Motivs gehe ich im folgenden nach.

Es gibt auffallende Ähnlichkeiten zwischen dem Brauchtum, das sich um Katharina rankt, und germanischem Göttinnenglauben.

Oft werden Dreiergruppen von Göttinnen verehrt, auch ohne individuelle Namen, nur mit einem Gesamtnamen: die Nornen, die Musen, die Erinnyen, die Parzen bzw. die Moiren, und im germanischen Raum besonders die Matronen und die drei Bethen.[17] Auch die heilige Katharina gehört in solch eine Dreiergruppe. Sie bildet zusammen mit der heiligen Barbara und der heiligen Margareta die Gruppe der drei heiligen Madln. Ein Spruch fasst die drei zusammen:

Barbara mit dem Turm
Margareta mit dem Wurm
Katharina mit dem Radl
das sind die drei heiligen Madl[18]

Der Marienaltar in der Marienkirche in Stendal zeigt die heilige Katharina in einer Dreiheit (s. Abb. S. 58): links Katharina, in der Mitte Maria, rechts die heilige Barbara.

Die heiligen drei Madln besitzen Besonderheiten, die sie mit den drei Bethen gemeinsam haben:

Die drei Bethen sind Frauengottheiten, die die drei Phasen des Zyklus personifizieren: die junge Frau, die Mutter, die alte Frau.[19]

Sie tragen oft die Namen Wilbet, Ambet und Borbet. In Worms haben sie die Namen Embede, Willebede und Warbede (s. S. 73), in Meransen St. Aubet,

---

[17] Erni Kutter, Der Kult der drei Jungfrauen. Eine Kraftquelle weiblicher Spiritualität neu entdeckt, München 1997, S. 86.
[18] Jutta Ströter-Bender, Heilige. Begleiter in göttliche Welten, 1. Aufl., Stuttgart 1990, S. 149.
[19] Erni Kutter, 1997, S. 81 ff und 86f.

St. Cubet und Guerre (s. S. 95f). Es handelt sich trotz der verschiedenen Namen immer um dieselben Göttinnen.[20]

Das Rad, das der heiligen Katharina als Attribut beigefügt wird, findet sich auch bei den drei Bethen. Im Namen der Bethenfrau Wilbet steckt das englische Wort für Rad = wheel. Zu Wilbet gehört das Rad; bei ihr handelt es sich um das Sonnenrad.[21]

So hat Katharina mit der Bethenfrau Wilbet das Rad und die Sonne gemeinsam. Es legt sich die Vermutung nahe, Katharina habe diese Motive aus der Tradition der Verehrung der drei Bethen auf sich gezogen und so ihre Nähe zur Sonne und ihre Fähigkeit, gutes Wetter zu bringen, bekommen.

Das Sonnenrad wiederum hat dann ebenso eine Nähe zum Spinnrad.[22]

Katharina wurde auch als Spinnerin verstanden. Das hat sie zur Patronin der Spinnerinnen, Schneiderinnen und Putzmacherinnen gemacht.

Ein altes hessisches Kinderlied[23] singt:

Sonne, Sonne scheine!
Fahr übern Rheine,
Fahr übers Glockenhaus,
Gucken drei schöne Puppen heraus.
Eine die spinnt Seid,
Die andere wickelt Weiden,
Die dritte geht ans Brünnchen,
Findt ein goldig Kindchen.

Es ist Katharina, die spinnt; Margarete ist es, die zum Brunnen geht und Barbara wickelt Weiden.

Spinnen und Weben sind im Glauben der Germanen elementare Tätigkeiten der großen Mutter. Die große Mutter misst den Lebensfaden zu und schneidet ihn, wenn es an der Zeit ist, ab. Viele Redewendungen, die unseren Körper beschreiben, lassen noch den Glauben an die große Mutter als Weberin erkennen. Wir sprechen vom Gewebe unseres Körpers, vom Bindegewebe, von Bändern, von Bandscheiben.

Das Spinnen wird besonders mit den drei Nornen, den drei nordischen Schicksalsgöttinnen, in Verbindung gebracht. Die Milchstraße ist das Gespinst der Nornen. Hier ist es Skuld, die dritte der Nornen, die den Schicksalsfaden abschneidet.[24]

Über das Spinnen sind auch Elemente der drei Nornen auf Katharina übergegangen. So legt sich der Schluss nahe, dass die Verehrung der heiligen

---

[20] Ebd., S. 81ff.
[21] Lore Kufner, 1992, S 127; Hans Christoph Schöll, Die drei Ewigen, Eine Untersuchung über germanischen Bauernglauben, Jena 1936, S. 32f.
[22] Lore Kufner, 1992, S. 130.
[23] Jutta Ströter-Bender, 1990, S. 153f.
[24] Barbara Walker, Artikel Nornen, in: Das Geheime Wissen der Frauen, 1993, S. 796f.

Katharina aus den Göttinnentraditionen der drei Bethen und der drei Nornen geschöpft hat. Dies würde dann auch erklären, warum Katharina als Frau so positiv gezeichnet wird. Denn in den alten vorchristlichen Traditionen der Verehrung der Göttinnen sind die Frauen klug, machtvoll, schön, insgesamt positiv gesehen.

Die Verehrung der heiligen Katharina als Hilfe für Frauen und Männer im alltäglichen Leben

Die Verehrung der heiligen Katharina bestimmte weitgehend das Alltagsleben von Frauen und Männern im Mittelalter. Ihr Festtag am 25. November war die Zäsur für das gesamte Leben in Familie, Küche und Hof. Aber die Verehrung der heiligen Katharina hatte auch Auswirkungen auf die Einschätzung des Lebens von Frau und Mann. Ich denke mir, dass es für das Lebensgefühl der Menschen und für die Bewältigung des Lebens sehr hilfreich war, Katharina zu verehren.

Frauen und Männer im Mittelalter leben in einer Kirche, die ein gänzlich negatives Frauenbild hervorgebracht hat. Die Klagen der Christine zeigen, welche Mühen das den Frauen macht.

Auch Männer müssen mit diesem negativen Frauenbild leben. Ich stelle mir vor, dass viele Männer große Schwierigkeiten mit dieser Sicht der Frau hatten, betraf es doch auch ihre Mütter, ihre Frauen und ihre Töchter.

Schließlich sind die Männer auch selbst betroffen, da die Kirche des Mittelalters Zeugung und Geburt als sündig versteht. Das trifft Männer ebenso unmittelbar wie Frauen. So ist es sehr verständlich, dass die heilige Katharina von Frauen und Männern hoch verehrt wird.

In der heiligen Katharina verehren die Menschen eine schöne Frau. Katharinas Schönheit trägt nirgendwo den Makel der Sünde. So können die Menschen auch eine positivere Beziehung zu ihrer eigenen Schönheit, zu ihrem eigenen Körper entwickeln, wenn auch zu vermuten ist, dass dies eher im Verborgenen geschehen musste.

Ebenso können die Menschen bei Katharina große Klugheit mit einer Frau in Verbindung bringen, anders als die Kirche es ihnen predigt.

Katharina hat einen festen Glauben. Sie ist standhaft im Martyrium. Selbst in eigener Bedrängnis kümmert sie sich um die Not anderer Menschen. In ihrer Todesstunde noch bittet sie für die Menschen, die in Nöten sind. Das wird Katharina wichtig gemacht haben für Menschen in Nöten.

Die Menschen, die im Mittelalter von vielerlei Einschränkungen eingeengt sind, erleben in Katharina die Weite einer Disputation mit allen Gelehrten des Reiches und den Sieg einer Frau. Durch die Nähe zu dieser Frau wird ihre eigene Enge erweitert.

Den Leichnam der toten Katharina tragen Engel fort. Viele Wünsche von Frauen und Männern werden sie begleitet haben. Sie werden geglaubt und erlebt haben, dass der Tod nicht das Ende ist, sondern dass der Tod sie in die Arme von Engeln gleiten lässt.

Katharina wird oft dargestellt mit ihrem Peiniger zu Füßen. Auch das wird eine Identifikationsmöglichkeit für gepeinigte Frauen und Männern gewesen sein.

Die Menschen begegnen in der heiligen Katharina einer schönen Frau, einer klugen, mächtigen und liebevollen, einer heilen Frau, einer Heiligen. Die Verehrung bietet den Frauen und Männern vielfältige Möglichkeiten der Identifikation mit dieser heiligen Frau.

2. Die heilige Barbara und die Vergebung der Sünden

Legende

Ich erzähle die Legende nach der Fassung der goldenen Legende.
Zur Zeit des Kaisers Maximianus lebte in Nikomedia ein reicher und angesehener Mann. Sein Name war Dioskur, er war Heide. Der Mann hatte eine bildschöne Tochter mit Namen Barbara.
Weil sie so schön war, liebte ihr Vater sie sehr. Damit niemand sie sehen konnte, schloss der Vater sie in einem hohen Turm ein, den er für sie hatte bauen lassen.
Barbara hatte kein Interesse an weltlichen Dingen, ihr Sinn stand ihr nach göttlichen Dingen.
Als Barbara einmal mit ihren Eltern einen Tempel betrat, fragte sie nach den Götterbildern. Sie wollte wissen, ob diese Menschenbilder seien. Die Eltern wehrten ab, erklärten aber, es seien Götterbilder, die verehrt werden müssten. Als Barbara fragte, ob diese Götter einst Menschen waren, bejahten es ihre Eltern.
Barbara sann danach viel über Götter und Menschen nach. Sie erkannte, dass es einen Schöpfer gegeben haben muss, weil doch die Menschen geboren sind. Also musste es etwas vor den Menschen gegeben haben.
Barbara verachtete die Götzen und sie verachtete Menschen, die Götzen aus Stein und Holz anbeteten. Doch die Erkenntnis des rechten Gottes fehlte ihr.
Da erfuhr Barbara, dass Origines in Alexandria ein sehr gelehrter Mann sei, der den rechten Gott erkannte und die Götzen widerlegte.
Barbara schrieb an Origines einen Brief mit ihren Glaubensfragen. Den Vater durfte sie nicht einweihen.
Origines schickte Barbara einen Lehrer mit einem Antwortschreiben. Dem Vater gegenüber, der misstrauisch war, gab sie den Lehrer als heilkundigen Arzt aus.
Der Lehrer unterrichtete Barbara über die Dreieinigkeit. Barbara ließ sich taufen.
Viele Vornehme des Landes wollten Barbara wegen ihrer Schönheit heiraten. Aber sie lehnte alle Heiratswünsche ab.
Der Vater ließ ein vornehmes Badehaus für Barbara bauen, er gab den Bauleuten den Auftrag, zwei Fenster einzubauen. Dann ging der Vater auf Reisen.
Barbara ließ gegen den anfänglichen Widerstand der Bauleute ein drittes Fenster einbauen. Die Zahl drei war ihr wichtig als ein Symbol für die Dreieinigkeit.
Bei der Rückkehr sah der Vater die drei Fenster und stellte seine Tochter zur Rede. Sie verteidigte die Notwendigkeit von drei Fenstern mit dem Argument, drei sind es, Vater, Sohn und Heiliger Geist, die die Wesenheit bilden.

Der Vater entbrannte in Zorn, er wollte Barbara töten. Barbara aber konnte fliehen, ein Fels spaltete sich und bot ihr Schutz.

Ein Hirte jedoch verriet Barbara an ihren Vater. Dafür wurde er in eine Marmorstatue verwandelt, seine Schafe in Heuschrecken.

Der Vater geißelte Barbara und übergab sie dem Präfekten Marcianus.

Der Präfekt war von Barbaras großer Schönheit beeindruckt, er versuchte sie zu überreden, ihrem Glauben abzuschwören.

Als er keinen Erfolg hatte, ergriff auch ihn der Zorn, und er ließ Barbara foltern und brachte sie ins Gefängnis. Dort erschien Christus Barbara in der Nacht, sprach ihr Mut zu und heilte ihre Wunden.

Am nächsten Morgen bemerkte der Präfekt die Heilung, er führte sie auf die Güte der Götter zurück.

Barbara widersprach ihm und sagte, Christus habe sie geheilt.

Voller Wut ließ der Präfekt Barbara wieder foltern, er ließ ihr die Brüste abschlagen, dann ließ er sie nackt auf den Markt gehen.

Aber ein Engel umhüllte sie mit einer weißen Stola.

Die Wut des Präfekten nahm noch zu. Er gebot, Barbara mit dem Schwert umzubringen. Da nahm der Vater Barbara, führte sie auf einen Berg, um sie zu töten.

Barbara betete zu Christus: „Wenn jemand zu dir bittet und dabei meine Leiden erwähnt, erlöse ihn am jüngsten Tag von seinen Sünden."

Eine Stimme vom Himmel antwortete: „Komm, meine Schöne, ruhe auf dem Lager meines Vaters im Himmel, was du erbeten, ist dir bewilligt worden."

Der Vater enthauptete Barbara. Auf dem Heimweg wurde er vom Blitz erschlagen.

Die Überlieferungsgeschichte der Legende der heiligen Barbara ist kompliziert.

Sie ist in der Ausgabe der Legenda Aurea des 13. Jahrhunderts enthalten. Der Herausgeber der Legenda Aurea von 1846, Th. Graesse, beschreibt die Barbaralegende aber als einen späteren Zusatz zu der echten Sammlung des Jakobus de Voragine[25]; so ist sie z.B. in der Ausgabe von E. Benz von 1963 nicht enthalten. Selmar Peine ist in seiner Untersuchung „St. Barbara die Schutzheilige der Bergleute und der Artillerie und ihre Darstellung in der Kunst" dem Schicksal der Überlieferung der Barbaralegende nachgegangen. Er gibt die Legende, die nach seiner Meinung früher in der Sammlung von Jakobus de Voragine enthalten war, wieder. Diese Fassung ist die hier nacherzählte.

Es gibt keine historischen Zeugnisse von der heiligen Barbara. Ihre Lebensdaten sind unterschiedlich tradiert.

Einerseits wird ihr Leben in der Zeit des Kaisers Marcian (457 n. Chr.) angenommen. Bei dieser Datierung passt die Geschichte mit Origines (254 n. Chr.)

---

[25] Selmar Peine, St. Barbara, die Schutzheilige der Bergleute und der Artillerie und ihre Darstellung in der Kunst, Freiburg (Brsg.) 1896, S. 4. Dieselbe Meinung vertritt A. Böck im Artikel Barbara im Marienlexikon, hg. von R. Bäumer/L.Scheffczyk, 1. Bd., St. Ottilien 1988, S. 358ff.

nicht in die Legende, sie ist dann als späterer Zusatz zu werten. Andererseits gilt Barbara als Zeitgenossin des Kaisers Maximinus II. (286–310); auch dann passt die Geschichte mit Origines nicht in die Zeitrechnung.

Die Orte, an denen Barbara gelebt haben soll, variieren von Heliopolis, Rom und Nikomedia u.a.[26] Und Barbara wird entweder von dem Lehrer, den Origines ihr geschickt hat, getauft oder von Johannes dem Täufer.

Zu der in der goldenen Legende überlieferten Version gibt es zwei Varianten, die für das Brauchtum, das sich um die heilige Barbara entwickelt hat, wichtig sind. Eine Version erzählt, dass Barbara trockene Kirschzweige in ihr Gefängnis stellt und sie mit ihren Tränen benetzt, und die Kirschzweige erblühen. Eine andere Version erzählt, dass nachts ein Engel Barbara besucht und ihr das heilige Abendmahl reicht.

Das Frauenbild der Legende der heiligen Barbara als Gegenbild zum Frauenbild der Kirche des Mittelalters

Die Legende schildert Barbara als bildschöne Frau. Ihr Vater ist angetan von ihrer Schönheit und „weil sie so schön war, liebte ihr Vater sie sehr". Der Präfekt möchte Barbara wegen ihrer Schönheit retten. In der Version der goldenen Legende redet selbst die himmlische Stimme Barbara als „meine Schöne" an.

Ihre Schönheit wird so wie bei der heiligen Katharina als positiv gesehen. Ihr haftet nichts Verbotenes, nichts Verführerisches an. Nirgendwo wird ein Zusammenhang von der außerordentlichen Schönheit und der Sünde gesehen oder auch nur angedeutet.

Mehr noch: diese schöne Frau bittet in ihrer Todesstunde darum, dass Betenden, die sich auf Barbaras Leiden berufen, ihre Sünden vergeben werden. Eine Stimme vom Himmel gewährt ihr diese Bitte. So können Menschen im Mittelalter sich im Gebet an eine schöne Frau wenden und um Vergebung ihrer Sünden bitten, und sie können Vergebung erwarten.

Mit jeder weiteren schönen Frau, der nichts Sündhaftes anhaftet, muss sich für die Frauen und Männer im Mittelalter die Einsicht verstärken, dass die Kirche mit ihrem negativen Frauenbild nicht das alleinige, das letzte Wort gesprochen hat, und auch nicht sprechen kann.

Barbara ist in einer heidnischen Umgebung aufgewachsen. Sie hat sehr starke geistliche Interessen, die sie viel über Gott nachdenken lassen. Dadurch wächst in ihr die Kritik am Gottesverständnis ihrer heidnischen Umgebung. Barbara sucht nach Hilfe für ihre theologischen Fragen, sie findet sie bei Origines in Alexandrien. Klug und umsichtig schafft Barbara es, einen Brief an Origines zu schicken, ohne dass ihr Vater es bemerkt. Mit Hilfe von Origines

---

[26] Ebd., S. 358f.

aus Alexandrien klärt sie ihre theologischen Fragen für sich und entdeckt das Christentum. Barbara wird von niemand bekehrt, sie klärt die Glaubensfragen für sich, und sie entscheidet sich für das Christentum. Die Dreieinigkeit ist ihr besonders wichtig. Barbara lässt sich taufen.

Sie ist in der Lage, ihren Glauben auszudrücken. Sie schafft sich christliche Symbole in ihrer Umgebung, sie lässt in den Turm drei Fenster einbauen.

Solch theologische Kompetenz, die die Legende der heiligen Barbara gibt, kennt die Kirche des Mittelalters für die Frau nicht.

An den drei Fenstern im Turm erkennt der Vater Barbaras Übertritt zum christlichen Glauben, er lässt sie auf verschiedenste Weise unter Druck setzen. Schließlich beteiligt er auch noch den römischen Stadthalter Marcianus daran, Barbara gefügig zu machen. Barbara wird auf vielfältige Weise gemartert und gefoltert, aber sie hält stand, ohne Klagen, ohne wankelmütig zu werden. Barbara hält an ihrem Glauben fest; sie ist gewiss, dass ihr Leben auch im Tod unverletzlich ist.

Das hat sicher vielen Menschen im Mittelalter, die ja täglich mit dem Tod konfrontiert waren, Mut gemacht.

Barbara wird als makellose, moralisch integre Frau geschildert. Nie wird sie als Sünderin charakterisiert. Das Frauenbild der Barbaralegende unterscheidet sich vom Frauenbild der Kirche in allen Punkten, die der Kirche wichtig sind.

So erzählt diese Legende von einer Frau, für die das dogmatisch fixierte, an der Eva-Tradition orientierte Frauenbild der Kirche überhaupt nicht zutrifft.

Es legt sich der Schluss nahe, dass die Legende der heiligen Barbara genauso wenig aus der Evatradition stammt, wie die Legende der heiligen Katharina.

Somit stellt sich auch für die Barbaralegende die Frage, aus welchen Traditionen sie schöpft.

Weitere Motive der Verehrung der heiligen Barbara

Mit der Figur der heiligen Barbara haben die darstellende Kunst und das Brauchtum eine ganze Reihe weit über die Legende hinausgehende Motive verknüpft. Auch im Blick auf diese ist zu fragen, aus welchen Traditionsströmen sie schöpfen und welches Bild der Frau sie transportieren.

Darstellungen

Barbara ist im Mittelalter hoch verehrt worden. Sie gehört wie die heilige Katharina zu den 14 Nothelfern und zu den „drei heiligen Madln".

Die hohe Verehrung der heiligen Barbara bewegt viele Künstler über Jahrhunderte dazu, Barbara darzustellen. Die meisten dieser Darstellungen haben ihren Platz auf Altären in Kirchen gefunden.

Wichtige Bereiche des alltäglichen Lebens werden unter den Schutz der heiligen Barbara gestellt: Barbara ist die Schutzheilige des Bergbaus, sie ist Patronin der Türme, der Festungsbauten, somit auch der Menschen, die damit zu tun haben – der Architekten, der Maurer, der Zimmerleute und Steinhauer. Barbara ist Patronin bei Gewitter und Feuergefahren. Sterbende vertrauen sich ihrem Schutz an.

Vieles aus den Darstellungen, aus den Patronaten und dem Brauchtum entfaltet Motive der Legende, vieles ist schwach in der Legende verankert und vieles gar nicht.

Gerade die Motive, die einen geringen oder überhaupt keinen Bezug zur Legende haben, geben – wie bei der heiligen Katharina – Aufschluss über Quellen, aus denen die Verehrung der heiligen Barbara schöpft.

Ich vergleiche im folgenden Darstellungen der heiligen Barbara, ihre Patronate, ihr Brauchtum mit der Legende. So lassen sich weitere Quellen, aus denen die Verehrung der heiligen Barbara schöpft, erkennen.

Jan von Eyck, Heilige Barbara 1437,
Musée Royal des Beaux-Arts, Antwerpen[27]

---

[27] Siehe Joachim Schäfer, Ökumenisches Heiligenlexikon, Stuttgart 2002, Biographie Barbara.

Die Künstler drücken ihre hohe Verehrung für Barbara z.B. in der Kleidung aus. Ab dem 15. Jahrhundert wird sie mit sehr vornehmer Kleidung dargestellt.

In einer Darstellung im Dom zu Bardowick trägt die heilige Barbara eine goldene Krone, die in Größe und Ausdruckskraft der Krone der Maria auf dem selben Altar gleicht.

Heilige Barbara,
Dom zu Bardowick,
bei Lüneburg, 1430[28]

Ein Wiener Meister gibt Barbara sogar die Würde der Himmelskönigin[29]: Er malt Barbara vor dem Sternenhimmel (s. Abb. S. 69).

---

[28] Foto: Karsten Schmaltz, Lüneburg.
[29] Franz Kirnbauer, St. Barbara in der Kunst, Wien 1952, S. 20.

Unbekannter Wiener Meister,
St. Barbara im Sternenraum, Tafelbild,
um 1430, Wien, Erzbischöfliches
Palais, Andreaskapelle[30]

Meistens wird Barbara mit einem Turm dargestellt. Es ist entweder ein kleiner Turm, den Barbara in der Hand hält, oder es ist ein großer Turm, der neben ihr steht. Der Turm hat manchmal kein einziges Fenster, oder er ist mit den drei Fenstern aus der Legende ausgestattet.

Im Turm steht oft auch noch ein Hostienkelch, mit oder ohne Hostie (s. Abb. S. 68). Für den Turm gibt es in der Legende ausreichend Belege. Der Kelch und die Hostie haben nur in einigen Varianten der Legende einen Anhalt.

Die vornehme Kleidung der Barbara hat keinen direkten Anhaltspunkt in der Legende. Der Vater ist reicher Kaufmann. Dennoch wäre die Tochter eines reichen Kaufmanns nicht so prunkvoll gekleidet, wie z. B. van Eyck Barbara darstellt (s. Abb. S. 67).

Den Sternenhimmel, vor dem der Wiener Meister Barbara malt, findet man in der Legende nicht. Es muss also neben der Legende noch andere Quellen geben, aus denen die Künstler schöpfen.

---

[30] Ebd.

Brauchtum und Patronate

Auch bei dem Brauchtum, das sich um die heilige Barbara rankt, und bei den Patronaten ist die Verbindung zur Legende zum Teil sehr lose. Gerade bei den losen Bezügen werden wiederum Quellen sichtbar, in denen die Verehrung der heiligen Barbara wurzelt.

Die Barbarazweige

Am 4. Dezember, dem Barbaratag, schneiden Menschen Zweige von Kirschbäumen, Apfelbäumen oder Forsytien – sie schneiden die Barbarazweige und stellen sie in die Vase. Die Zweige blühen zu Weihnachten. Dieser Brauch wird bis heute auch in evangelischen Gegenden gepflegt.

Das Brechen der Barbarazweige ist bis in die Gegenwart so bekannt, dass Hugo Distler (gest. 1942) nach einem Gedicht von Heinz Grunow (geb. 1913) ein Lied über die Barbarazweige komponiert hat.

*1. Ich brach drei dürre Reiselein vom harten Haselstrauch
und tat sie in ein Tonkrüglein, warm war das Wasser auch.
2. Das war am Tag St. Barbara, da ich die Reislein brach,
und als es nah an Weihnacht war, da ward das Wunder wach.
3. Da blühten bald zwei Zweigelein, und in der heilgen Nacht
brach auf das dritte Reiselein und hat das Herz entfacht.
4. Ich brach drei dürre Reiselein vom harten Haselstrauch,
Gott lässt sie grünen und gedeihn, wie unser Leben auch.*

Der Brauch, Barbarazweige zu schneiden, muss starke Wurzeln haben. In der Legende aber ist der Brauch nur schwach verankert. Die Erzählung, dass Barbara einen vertrockneten Kirschzweig mit ihren Tränen zum Blühen bringt, wird nur in einigen Varianten erzählt und ist sicher nachträglich in die Legende aufgenommen worden.

Das Lied von Hugo Distler versteht das Blühen der Zweige zu Weihnachten als Wunder, als Symbol, dass auch unser Leben von Gott geleitet ist. Der Barbaratag ist in diesem Lied das Datum für das Schneiden; Gott ist der, der das Wunder schenkt.

Im Glauben früherer Zeiten wird das vermutlich anders gewesen sein. Da schenkte Barbara das Wunder. Es ist das Wunder des Lebens, das im kalten Winter, in dem alles abgestorben scheint, Leben überdauert und zum rechten Zeitpunkt wieder erwacht.

Die Zweige dienen auch einem alten Orakelbrauch. Wenn die Bauern vor Wintereinbruch das Vieh von den Weiden in die Stallungen treiben, nehmen sie Zweige von den Bäumen mit. Zu Weihnachten schließen sie aus der Anzahl der Blüten auf die Fruchtbarkeit des darauf folgenden Jahres.

Auch der zukünftige Ehemann kann aus den Barbarazweigen erkannt werden, wie ein Gedicht von Martin Greif[31] zeigt:
Am Barbaratage holt ich drei Zweiglein vom Kirschbaum,
Die setzt' ich in eine Schale: Drei Wünsche sprach ich im Traum.
Der erste, dass einer mich werbe, der zweite, dass er noch jung,
der dritte, dass er auch habe des Geldes wohl genug.
Zu Weihnachten vor der Mette zwei Stöcklein nur blühten zur Frist: –
Ich weiß einen armen Gesellen,
Den nehm ich, wie er ist.
Der Brauch, „Barbarazweige" zu schneiden und die Zweige als Orakel nach der Fruchtbarkeit des Viehs und der Wahl des rechten Ehemanns zu befragen, sie als Symbol des Lebens zu verstehen, ist offenbar sehr weit verbreitet und stark im Bewusstsein verankert bzw. verankert gewesen.

Aber der Brauch hat nur einen sehr schwachen Anhalt in der Legende selber.

Dieses Motiv jedoch ähnelt einer alten ägyptischen, auch in Israel vorkommenden Verehrung von Baumgöttinnen; diese geben den Menschen, was sie zum Leben brauchen.

Es gibt einige Darstellungen, die deutlich zeigen, dass im Baum die Göttin selbst gesehen wird. Die Arme der Göttin reichen die Nahrung.

Das Bild aus Abesir zeigt die Göttin als Dattelpalme:

Die Göttin als Dattelpalme,
nahrungsgebend, Relief in Abesir,
Ägypten, 19. Dynastie (1295–1188)[32]

---

[31] Selmar Peine, 1896, S. 1.
[32] Erich Neumann, Die Grosse Mutter. Eine Phänomenologie der weiblichen Gestaltung des Unbewussten, 10. Aufl., Solothurn/Düsseldorf 1994, S. 231.

Die Märtyrerinnen tragen oft einen Palmenzweig in der Hand. Er weist darauf hin, dass der Tod der Märtyrerin der Beginn des Lebens ist.
Auf hebräisch heißt die Palme Tamar. Sie hat also einen Frauennamen. Ganz eng gehören Göttin und Palme zusammen.
Auch das biblische Paradies hat den Baum als Symbol des Lebens.
Es liegt nahe, anzunehmen, dass aus diesen vielfältigen Traditionen das Motiv der Barbarazweige aufgenommen und entwickelt worden ist.

Die Bedeutung der Zahl drei bei Barbara

Die Zahl drei spielt bei Barbara eine auffallende Rolle. Die Legende erzählt, dass sich Barbara beim christlichen Glauben besonders für die Dreieinigkeit interessiert. Als Anschauung lässt sie die drei Fenster in den Turm bauen.
Auch in der Verehrung der heiligen Barbara spielt die Zahl drei eine Rolle. Barbara gehört wie die heilige Katharina zu den drei heiligen Madln und auf dem Altar der Marienkirche in Stendal z.B. ist sie die dritte neben Maria und der heiligen Katharina.
Schon bei der heiligen Katharina war ein Zusammenhang mit den Dreiergruppen von Göttinnen deutlich geworden, den drei Bethen und den drei Nornen.
Mit Wilbet, der einen Bethenfrau, hat Katharina das Motiv des Rades gemeinsam. Eine weitere Bethenfrau trägt den Namen Borbet. Schon der Name zeigt Ähnlichkeiten mit Barbara. Der Name Borbet enthält in seiner ersten Silbe den keltischen Stamm borm, zu dem unser deutsches Wort warm gehört. Ebenfalls gehört hierher das keltische bor-co, mit der Bedeutung „strahlend leuchten".[33] Auch die Silbe por aus dem deutschen Wort empor ist Teil dieses Wortfeldes. Wärme, strahlen und die Höhe machen also den Inhalt der ersten Silbe Bor aus Borbet aus. Schon der Name qualifiziert Borbet als mütterliche Sonne, die aus der Höhe Wärme und strahlendes Licht spendet.
Die Verehrung hat auf Barbara Fähigkeiten der alten Sonnenfrau Borbet übertragen. So erfährt der Brauch, Barbarazweige zu schneiden, aus dem Zusammenhang der alten Bethenfrau Borbet mit der heiligen Barbara eine weitere plausible Erklärung, denn die Sonnenfrau kennt das Leben der Bäume, sie weckt das Leben zur rechten Zeit in ihnen. Die Sonnenfrau kann auch im Dezember die Zweige zum Blühen bringen.
Die Stadt Worms hat ihren Namen zu Ehren der göttlichen Sonnenfrau erhalten (Borbetomagus = Borbetfeld = Worms). In der Nikolauskapelle im Dom zu

---

[33] Hans Christoph Schöll, 1936, S. 40.

Worms sind heute noch die drei Bethen zu sehen. Hier tragen die drei die Namen Embede, Willebede und Warbede (1430):³⁴

Die drei Bethen, Nikolauskapelle,
Dom zu Worms³⁵

Noch deutlicher wird der Zusammenhang der heiligen Barbara mit alten Göttinnen bei den drei Nornen. Eine der drei Nornen heißt im Serbischen Vila. Von Vila gibt es einen Vers, der auffallende Ähnlichkeit mit der Verehrung der heiligen Barbara hat:³⁶

Türmt 'nen Turm die weiße Vila
Nicht im Himmel nicht auf Erden
Auf dem Berge, in den Wolken
In den Turm baut sie drei Tore ...
Sitzen will sie da, zuschauen
Wie der Blitz spielt mit dem Donner.

Auch zu Vila gehört der Turm mit den drei Toren. Es ist aber kein irdischer Turm, sondern ein Wolkenturm, und wie der heiligen Barbara Macht über Feu-

---
³⁴ Erni Kutter, Der Kult der drei Jungfrauen, S. 81.
³⁵ Ebd., S. 82.
³⁶ Jutta Ströter-Bender, 1990, S. 152.

er und Gewitter zugesprochen wird, so schaut Vila dem Spiel von Blitz und Donner zu.

Aus der Parallele von Barbara und Vila wird wiederum deutlich, dass die Verehrung der heiligen Barbara aus Göttinnentraditionen schöpft.

Der Turm als Marterwerkzeug und spiritueller Ort

Der Turm ist der Ort, in dem der Vater Barbara gefangen hat. Er ist also eines ihrer Marterwerkzeuge.

Im Turm hat Barbara aber auch Klarheit über ihren Glauben bekommen. In den Turm hat sie die drei Fenster, die Zeichen der Dreieinigkeit, einfügen lassen. Und Barbara wird im Turm getauft.

Darüber hinaus gehört der Turm seit alters her zur Sonne. Den Menschen war es früher wichtig, den ersten Sonnenstrahl der aufgehenden Sonne zu empfangen.[37] Das geschah auf Bergen oder auf Türmen oder Obelisken. Türme waren Kult-Orte. Die frühesten Türme dieser Art wurden im alten Sumer zwischen 3000 und 2000 v. Chr. erbaut. Türme wurden verstanden als Verbindung der unteren mit der oberen Welt, als Himmelsleiter und als Symbol für den Weg der Seele.

Der Turm war für die Menschen früher ein spiritueller Ort, und in der Legende macht auch Barbara ihn zu einem solchen.

Barbara als Schutzheilige des Bergbaus

Seit dem ausgehenden Mittelalter bis in heutige Zeit gilt die heilige Barbara als Patronin des Bergbaus. Ihre Zuständigkeit für den Bergbau hat sich langsam entwickelt und durchgesetzt.[38]

Als Schutzheilige des Bergbaus ist Barbara in der Legende eigentlich nicht stark verankert, auch wenn eine Version der Legende erzählt, Barbara habe sich in einem Felsspalt, der sich für sie aufgetan hat, verstecken können.

Diese Variante ist wahrscheinlich später in die Legende aufgenommen worden, um in ihr dem Zusammenhang von Barbara mit dem Bergbau nachträglich einen Platz einzuräumen. Denn der ganze Bergbau stellte sich unter den Schutz der heiligen Barbara.

Am 4.12. wird das Barbarafest gefeiert. Die Knappen im Bergwerk erhielten an diesem Tag das Barbaralicht, das vor Unheil schützen sollte.

---

[37] Lore Kufner, 1992, S. 134ff.
[38] Georg Schreiber, Der Bergbau in Geschichte, Ethos und Sakralkultur, Köln/Opladen 1962, S. 379ff.

Die Sülfmeister der Stadt Lüneburg z.B., die ihren Reichtum dem Salz verdankten, hatten in ihrer Kirche, der Lambertikirche, einen Barbaraaltar.[39] Sie haben sich zu einer Gilde zusammengeschlossen – der „Sunte Barbaragilde up der neuen Sulten".[40]

In vielen geologischen Landesämtern, geologischen Instituten und in Teilen der Stahlindustrie findet bis heute am Barbaratag eine Barbarafeier statt.

Barbara verrät als Schutzheilige des Bergbaus noch einmal ihre Nähe zu den drei Bethen. In Wilbet war eine Nähe der Bethen zu Katharina zu spüren, in Borbet eine Nähe zur heiligen Barbara. Die dritte der drei Bethen heißt Ambet. Die Ambet ist die alte Erdmutter. Elemente der Verehrung der Erdmutter sind auf die heilige Barbara übergegangen, denn als Erdmutter ist Barbara für die Menschen, die unter Tage arbeiten, zuständig. Diese Menschen rufen Barbara an und bitten um ihren Schutz und Segen.

Barbara und der Pulverraum von französischen Kriegsschiffen

Die Menschen bringen Barbara mit dem Blitz in Verbindung. Sie beteten bei Stürmen und Gewittern zu ihr. Ihre Macht über Blitz und Feuer machte sie auch zur Schutzheiligen der Artillerie. Das Bild der Barbara wird auf Waffenlagern und Pulvermagazinen aufgestellt. Der Pulverlagerraum von französischen Kriegsschiffen heißt bis heute „Le barbe".[41]

Die Anknüpfung dieser Motive an die Barbaralegende läuft über die Figur des Vaters, der zur Strafe dafür, dass er Barbara getötet hat, von einem Blitz getötet wird.

Barbara und das Abendmahl

Die Menschheit im Mittelalter war ständig vom Tod bedroht. Krankheiten, vor allem die Pest, rafften die Menschen plötzlich dahin. Die Sterberate der Mütter und Kinder bei den Geburten war hoch. Vom Tod ereilt zu werden, ohne vorher die Sterbesakramente empfangen zu haben, gehörte zu den ganz großen Schrecken. In diesen schweren Nöten war die heilige Barbara den Menschen eine Hilfe, sie war ihnen ein Trost auf dem letzten Weg, denn sie verfügte auch über die letzte Wegzehrung. Als Sterbebegleiterin hat Barbara im Glauben der Menschen Vollmacht, das Abendmahl zu reichen.

---

[39] Erste Nennung 1374; genannt in Georg Matthaei, Die Vikariestiftung der Lüneburger Stadtkirchen im Mittelalter und im Zeitalter der Reformation, Göttingen 1928, S. 214f.
[40] Genannt in Wilhelm Reinecke, Geschichte der Stadt Lüneburg, 2. Bd., Lüneburg 1933, S. 61.
[41] Lore Kufner, 1992, S. 141.

Diesen Glauben drückt ein Gebet aus:[42]
"O heilige Barbara, du edle Braut!
Dir sei Leib und Seele anvertraut;
Sowohl im Leben als im Tod,
Komm mir zu Hilf in letzter Noth,
Und reiche mir vor'm letzten End
Das allerheiligste Sakrament."
Viele Künstler bringen in ihren Barbaradarstellungen diesen Zusammenhang zwischen Barbara und dem Abendmahl zum Ausdruck. Oft hat Barbara den Kelch mit einer Hostie oder auch nur den Kelch allein in der Hand, oder die Abendmahlssymbole sind im Turm aufgestellt.

Barbaras Vollmacht, das Abendmahl zu reichen, hat einen schwachen Anhalt in der Legende. Eine Variante der Legende erzählt, dass nachts ein Engel zu Barbara kam, um mit ihr das Abendmahl zu feiern. Es ist aber eher zu vermuten, dass die Verehrung Barbaras als Sterbebegleiterin, die das heilige Sakrament bringt, so stark war, dass die Geschichte des Engels in die Legende eingefügt wurde.

Für die Kirche des Mittelalters ist es undenkbar, dass eine Frau die Eucharistie feiert. Die katholische Kirche lässt Frauen bis heute nicht als Priesterinnen zu, so können bis heute Frauen das Abendmahl nicht konsekrieren. In der Verehrung der heiligen Barbara galt schon im Mittelalter dieses Tabu nicht.

Barbara und die Vergebung der Sünden

Die Legende erzählt, dass Barbara in ihrer Sterbestunde zu Christus betet: „Wenn jemand zu dir bittet und dabei meine Leiden erwähnt, erlöse ihn am jüngsten Tag von seinen Sünden." Eine Stimme vom Himmel antwortete: „Komm meine Schöne, ruhe auf dem Lager meines Vaters im Himmel, was du erbeten, ist dir bewilligt worden."

Barbara ist es ein sehr wichtiges Anliegen, dass sie Menschen zur Sündenvergebung verhelfen kann, denn diese Bitte drückt sie in ihrer Sterbestunde aus.

ChristInnen, die im Mittelalter unter dem Urteil SünderInnen zu sein, leben mussten, können zur heiligen Barbara um die Vergebung ihrer Sünden beten.

Dass solche Gebete erhört werden, wird Barbara kurz vor ihrem Tod von einer himmlischen Stimme zugesagt und somit auch den BeterInnen, die sich an Barbara wenden.

Während die Kirche Frauen in der Nachfolge Evas als Sünderinnen versteht, erzählt die Legende, dass die heilige Barbara durch ihre Leiden fähig ist, den Sündern zur Vergebung der Sünden zu verhelfen.

---

[42] Jutta Ströter-Bender, 1990, S. 135f.

Barbara selbst scheint nicht im Bann der Sünde zu stehen. Nirgendwo erzählt die Legende, dass Barbara sündig sei, auch nicht, dass sie von Sünden erlöst werden müsse. Sie ist im Zusammenwirken mit Christus zur Vergebung der Sünden fähig.

Auch ihre Schönheit zieht Barbara nicht in den Wirkungsbereich der Sünde, sie unterstreicht eher die Integrität ihrer Person. Sogar die himmlische Stimme nennt Barbara „meine Schöne".

Während in der Gegenüberstellung von Maria und Eva das Negative an Eva besonders deutlich wird, stellt die Legende Barbara eher an die Seite Evas. Sünden, die durch Eva hervorgerufen sein sollen, können von Barbara vergeben werden. Somit korrigiert die Verehrung der heiligen Barbara ein wenig das Eva- und Frauenbild der Kirche.

3. Die heilige Margarete als Helferin bei schweren Geburten

Neben der heiligen Katharina und der heiligen Barbara ist die heilige Margareta die dritte Heilige in der Reihe der 14 Nothelfer und auch die dritte Heilige der drei heiligen Madln.

Zu Margareta gehört der Drache. In dessen Legendenkreis gehören ebenso die heilige Martha, der heilige Georg und der heilige Michael.[43]

Die Legende der heiligen Margareta

Ich erzähle die Legende nach der goldenen Legende.[44]
Margareta lebte in Antiochia. Sie war die Tochter eines heidnischen Patriarchen. Ihre Mutter starb, als sie noch jung war. So wurde Margareta von einer Amme erzogen. Die Amme war Christin.

Als Margareta erwachsen war, wurde sie – sehr zum Zorn ihres Vaters – getauft.

Eines Tages hütete Margareta die Schafe ihrer Amme. Da kam der Präfekt vorbei. Er war sehr angetan von der Schönheit Margaretas, er entbrannte in Liebe zu ihr. Er wollte sie heiraten, falls sie eine Freie sei, sonst wollte er sie zur Konkubine nehmen.

Margareta wurde vor den Präfekten geführt. Sie sagte, dass sie Margareta heiße, adelig und Christin sei. Der Präfekt bestätigte, dass sie wirklich die allerschönste Margareta (Perle) sei, dass es aber einem adligen Mädchen nicht anstehe, Christin zu sein, weil der christliche Glaube einem gekreuzigten Herrn gelte.

Als Margareta ihren christlichen Glauben verteidigte, ließ sie der Präfekt zornentbrannt ins Gefängnis werfen.

Margareta bekräftigte ihren Glauben zu dem Herrn, „vor dem die Erde erzittert, das Meer erschaudert, und den alle Kreatur fürchtet".

---

[43] Neben der Legende erzählt von Margareta auch noch eine Sage (Lore Kufner, 1992, S. 49f): *Margareta war eine Königstochter. Der König herrschte in einer Stadt, die von einem Drachen bedrängt wurde, der draußen vor der Stadt in den Sümpfen hauste. Zuerst reichte es, dem Drachen Schafe zum Fraß vorzuwerfen. Dann verlangte der Drache jeden Morgen ein menschliches Opfer. Die Menschen in der Stadt entschieden das Opfer durch Los. Eines Morgens traf das Los die Königstochter. Gefasst trat die Königstochter vor das Stadttor. Als sie den Drachen kommen sah, erblickte sie einen jungen Ritter, der mit eingelegter Lanze auf den Drachen zuritt und ihm seine Lanze ins Maul stieß. Nun löste Margareta ihren Gürtel, band ihn dem todwunden Tier um den Hals, und so zogen sie zurück in die Stadt. Am Marktplatz blieb der Drache tot liegen, und alles Volk jubelte wegen der Befreiung.* Diese Sage entstand erst im 12. Jahrhundert im Zusammenhang der Umdeutung der ursprünglichen Georgsgestalt in einen Ritter.

[44] Jakobus de Voragine, Legenda Aurea, 1999, S. 356ff.

Der Präfekt drohte ihr an, ihren Leib zu zerreißen.
Margarete erklärte ihre Bereitschaft, für Christus zu sterben. Da ließ der Präfekt ihr mit Kämmen das Fleisch abreißen.
Margareta ertrug die Folter und erklärte, dass dies die Rettung ihrer Seele sei. Den Präfekten nannte sie einen schamlosen Hund und unersättlichen Löwen.
Der Präfekt ließ Margareta wieder ins Gefängnis werfen.
Im Kerker bat Margareta Christus, ihr klar ihren Gegner zu zeigen. Da erschien ihr ein ungeheuerlicher Drache, der versuchte, sich auf sie zu stürzen.
Margareta machte das Zeichen des Kreuzes, und der Drache verschwand.
Dann erschien ihr der Böse noch einmal in Menschengestalt. Margareta warf ihn nieder, stellte ihren rechten Fuß auf seinen Nacken und sagte: „Du hochmütiger Dämon, so liege nun niedergestreckt unter den Füßen einer Frau."
Der Teufel sagte, er hasse alle tugendhaften Menschen, er missgönne ihnen ihr Glück, das er selbst verloren habe.
Margareta nahm ihren Fuß weg, und der Teufel entschwand.
Am nächsten Tag wurde Margareta dem Richter vorgeführt. Viele Menschen waren anwesend.
Als Margareta sich weigerte, den Göttern zu opfern, ließ sie der Richter mit brennenden Fackeln versengen und mit gefesselten Händen in ein Becken mit Wasser werfen.
Da erbebte die Erde, und Margareta kam unversehrt aus dem Wasser.
5000 Menschen nahmen den christlichen Glauben an. Sie wurden sogleich hingerichtet.
Der Präfekt ließ Margareta enthaupten.
Vor ihrem Tod betete Margareta für ihre Peiniger, aber vor allem für alle Frauen, die sie bei schwerer Geburt anrufen, sie mögen ein gesundes Kind bekommen.
Eine Stimme vom Himmel antwortete, ihr Gebet sei erhört.

Die heilige Martha als Drachenbezwingerin[45]

Zur Gruppe der Personen, die mit dem Drachen in Verbindung stehen, gehört auch Martha. Auch sie ist eine Drachenbezwingerin. Martha ist bekannt aus dem Lukasevangelium. Sie ist oft Gastgeberin Jesu und gilt als besonders gute und eifrige Hausfrau (Lk 10,38ff).

Neben der Erzählung im Lukasevangelium existiert noch eine Legende von der heiligen Martha. Ich erzähle die Legende nach der goldenen Legende und beschränke mich dabei auf das Drachenmotiv.

---

[45] Ebd., S. 395.

Martha ist mit ihren Geschwistern Maria und Lazarus von den Juden in einem manövrierunfähigen Boot ausgesetzt worden und wunderbar in Marseille, in Südfrankreich, gelandet.
In Südfrankreich haben die drei Geschwister mit gleichgesinnten Frauen lange gelebt und gewirkt und sind sehr bekannt geworden.
Es gab aber in der Zeit zwischen Arles und Avignon an der Rhone einen schrecklichen Drachen. Der Drache tötete Menschen und versenkte Schiffe.
Die Menschen baten Martha um Hilfe.
Martha ging hin, fand den Drachen, gerade als er einen Menschen auffraß.
Martha warf Weihwasser auf ihn und zeigte ihm das Kreuz. Sogleich war der Drache besiegt. Er stand wie ein Lamm. Martha band ihm ihren Gürtel um, und das Volk tötete ihn mit Lanzen und Steinen.

Georg und der Erzengel Michael als Drachenbezwinger[46]

Ich erzähle wiederum nach der goldenen Legende:
Georg, ein Tribun aus Kappadozien kam eines Tages in die Provinz Libyen zu einer Stadt, die Silena hieß. Die Stadt lag an einem großen Wasser, in dem ein Ungeheuer, ein Drache lebte. Lange hatten die Menschen der Stadt die Wut des Ungeheuers mit Schafen in Zaum gehalten. Dann opferten sie schließlich ihre Söhne und Töchter.
Eines Tages nun war die einzige Tochter des Königs an der Reihe.
Der König versuchte mit allen Mitteln, seine Tochter zu retten. Schließlich musste er sie an das Wasser ziehen lassen.
Als das Mädchen weinend am Wasser stand, kam Georg und fragte nach ihrem Kummer. Das Mädchen riet dem Ritter zu fliehen. Georg aber blieb und als der Drache kam, bestieg er sein Pferd, versah sich mit dem Zeichen des Kreuzes, schwang wuchtig seine Lanze und vertraute sich Gott an.
Georg traf den Drachen und warf ihn zu Boden. Er rief dem Mädchen zu: „Wirf deinen Gürtel auf den Hals des Drachen." Als das Mädchen dies getan hatte, folgte ihr der Drache wie ein zahmer Hund.
Das Mädchen brachte den Drachen in die Stadt. Georg sagte, er wolle den Drachen töten, wenn die Menschen der Stadt sich zum Christentum bekehrten.
Der König und die Menschen der Stadt ließen sich taufen und Georg tötete den Drachen, und vier Ochsengespanne zogen den toten Drachen aus der Stadt.
Die Legende vom Drachentöter Michael hat eine Vision aus der Offenbarung zur Grundlage (Offenbarung 12,1-9).
Es erschien ein großes Zeichen am Himmel: eine Frau ist mit der Sonne bekleidet, und der Mond liegt unter ihren Füßen. Die Frau ist schwanger, das Kind soll bald geboren werden.

---

[46] Ebd., Der heilige Georg, S. 232 und Michael, S. 571.

Da erschien ein anderes Zeichen am Himmel: ein großer roter Drache mit sieben Häuptern und zehn Hörnern. Er will das Kind der Frau fressen. Da entrückt Gott die Frau mit dem Kind.
Und es entbrannte ein Kampf im Himmel zwischen Michael und seinen Engeln und dem Drachen und seinen Engeln.
Der alte Drache, der heißt Teufel und Satan, wurde hinausgeworfen aus dem Himmel auf die Erde. Michael war der siegreiche Kämpfer.
In allen Legenden ist der Drache ein furchterregendes Ungeheuer, das die Menschen bedroht. Der Drache wird in allen Legenden und in der Offenbarung des Johannes bezwungen.

Georg, Martha und Margareta halten ihm das Kreuzzeichen entgegen und haben so Macht über ihn. Georg tötet den Drachen mit der Lanze, zwischen Michael und dem Drachen entbrennt ein Kampf, bei dem Michael am Ende der Sieger ist.

Die Frauen gehen anders mit dem Drachen um – sie haben andere Waffen. Margareta genügt das Kreuzzeichen. Weiter bezwingt sie den Drachen, indem sie ihm ihren Fuß auf den Nacken stellt. Martha und die Tochter des Königs überwinden den Drachen mit ihrem Gürtel. Georg kennt die Kraft des Gürtels der Frauen. Er ruft der Tochter des Königs zu: „Wirf deinen Gürtel auf den Hals des Drachen." Er selbst kann dem Drachen offensichtlich nur mit dem Schwert begegnen.

In einer weiteren Version[47] der Legende tötet Martha den Drachen nicht, sondern führt ihn in die Rhone, wo er hingehört und wohl keinen Schaden anrichtet.

Darstellungen

Die Elemente der Legende, die Lanze einerseits und der Gürtel und das Kreuz andererseits, sind in der Verehrung wichtig.

Auch die bildende Kunst stellt die Heiligen mit der Lanze, dem Schwert, dem Kreuz und dem Gürtel dar.

Die Unterschiede zwischen den heiligen Frauen und Männern im Umgang mit dem Drachen spiegeln sich in der Kunst wieder. Im Bild „Die heilige Margareta" von Guervino (s. Abb. S. 82) wird Margareta nicht kämpferisch dargestellt, sondern sie hat eine beschwichtigende Haltung. Eigentlich nicht ängstlich aussehend hält sie in der rechten Hand das Kreuz dem Drachen entgegen. Der Drache tut ihr nichts.

---

[47] Joachim Schäfer, Ökumenisches Heiligenlexikon, Leben und Wirken von mehr als 3000 Personen der Kirchengeschichte, CD, Stuttgart 2001, Biographie der Martha.

Martha aus der Wallfahrtskirche (ohne Bild) Madonna d´Ongero in Carona bei Lugano (1. Hälfte des 18. Jahrhunderts) hält mit einem Band in der linken Hand den Drachen. Auch sie hat keine kämpferische Haltung, auch sie hält in der rechten Hand dem Drachen ein Kreuz entgegen, so wie zu ihrer eigenen Absicherung.

Margareta wehrt mit dem Kreuz den Drachen ab. Die heilige Margareta, Guervino (1591–1666), Basilika S. Pietro in Vincoli, Rom[48]

Die Martha auf dem Martha-Altar in der St. Lorenz Kirche in Nürnberg (1517) hat dem Drachen ein richtiges Halsband umgebunden und durch den Ring am Halsband eine Schnur gezogen. Martha führt den Drachen wie einen großen Hund. Von dem Drachen scheint gar keine Bedrohung für sie auszugehen.

Wild kämpferisch und kriegerisch hingegen ist eine Darstellung des heiligen Georgs von Zwolle (s. Abb. S. 83). Georg konzentriert sich ganz darauf, den Drachen zu töten.

---

[48] Siehe ebd., Biographie der Margareta.

J.A.M. Zwolle, Heiliger Georg,
15. Jahrhundert, Grafische
Sammlung, Albertina, Wien[49]

Der heiliger Michael von Martin Schongauer[50] ist wenig kämpferisch in der Gestik, aber sein Ziel ist klar, er will den Drachen töten und siegen. Michael steht auf dem Drachen, er stößt seine Lanze dem Drachen ins Maul.

Die unterschiedlichen Waffen: Schwert und Gürtel

Mit dem Schwert begegnen die männlichen Heiligen dem Drachen, mit dem Gürtel die heiligen Frauen. Ebenso unterschiedlich wie ihre Waffen – Schwert und Gürtel – ist die Art, wie die weiblichen und männlichen Heiligen mit dem Drachen umgehen.

Das Schwert ist ein Instrument des Todes. Der Gegner, der Drache, muss getötet werden. Der Heilige vernichtet den Gegner und siegt.

Der Gürtel ist keine Waffe, kein Gegenstand zum Töten. Der Gürtel kann umgürten, umschließen, einbeziehen, er kann anbinden, führen und festhalten.

---

[49] Siehe ebd., Biographie des Märtyrers Georg.
[50] Ebd., Martin Schongauer, Michael und der Drache, Radierung von 1470, Biographie des Erzengels Michael.

Der Gürtel, der anbinden kann, ruft das Seil in Erinnerung, mit dem Rahab in Jericho die zwei Kundschafter Josuas aus dem Fenster herunterließ, um sie zu retten (Josua 2,15ff). Rahab selbst wiederum soll zu ihrer späteren Rettung das rote Seil aus dem Fenster hängen lassen (Josua 2,18ff).

Die Frage stellt sich, wieso die weiblichen und männlichen Heiligen so unterschiedlich gesehen werden?

Lore Kufner[51] beobachtet bei der Frau nicht nur im Umgang mit dem Drachen „Gürtellösungen", sondern auch sonst im alltäglichen Leben. So friedet die Frau einen Platz, einen Garten vor ihrem Haus ein, sie umzäunt, umgürtet ihn, um im Schutze des Zaunes Samen und Pflanzen wachsen zu lassen. Auch das Junge des Auerochsen führt sie zu ihrer Hütte, dort bindet es mit einem Gürtel, einem Seil an. So zähmt sie es und kann es als Haustier halten.[52]

Auch die Nabelschnur, an der das Kind mit seiner Mutter verbunden ist, gehört in die Gürtelmacht der Frau.[53]

Weiterhin erinnert der Gürtel an ältere Traditionen von Frauen mit einem Drachen, in denen die Beziehung zwischen Frau und Drachen keineswegs bedrohlich verstanden wird.

Göttin und Drache, gefunden 1926 in Faardal in Jutland, Danish National Museum, Kopenhagen[54]

---

[51] Lore Kufner, 1992, S. 54f.
[52] Ebd.
[53] Ebd.

So wurde 1926 in Jütland in einem großen bronzezeitlichen Fund (800–700 vor Chr.) zwischen anderen Schätzen eine Frau (Muttergottheit) gefunden, in deren Nähe sich ein gewundener Drache befand (s. Abb. S. 84). Die Windungen des Drachen sind wie eine Brust gestaltet, sie haben Brustwarzen an den unteren Rundungen. Der Drache ist deutlich weiblich definiert. Der Drache und die Göttin können zusammengefügt werden, die Göttin hat ihren rechten Arm erhoben. In ihrer Hand ist ein Loch, in das das Maul des Drachen gelegt werden kann. Die Frau kann den Drachen führen wie die heiligen Frauen, nur benutzt sie hierfür keinen Gürtel.

Nichts Bedrohliches geht vom Drachen für die Frau aus. Sie muss ihn nicht fürchten, nicht töten. Sie muss ihn nicht einmal zähmen.

Der Drache gehört als heiliges Tier zur Göttin. Er ist ein Symbol des Lebens.

In der pelasgischen Schöpfungserzählung[55] tanzt die Göttin Eurynome mit dem Nordwind, und der Nordwind wird zur Schlange Ophion. Eurynome wird schwanger. Sie legt das Weltei, um das sich Ophion, die Schlange, siebenmal wickelt, um das Ei auszubrüten. Die Schöpfung beginnt mit der Göttin und der Schlange.

Isis mit Schlangen,
Münze Ägypten,
1. Jahrhundert v. Chr.[56]

---

[54] Romy Wyeth, Stonehenge: The Dragon Path and the Goddess, Bradford on Avon 2000, S. 40ff.
[55] Robert von Ranke-Graves, Griechische Mythologie, Quellen und Deutung, Reinbeck bei Hamburg 1994, S. 22ff.
[56] Ebd., S. 145.

In Kreta wurden Schlangengöttinnen verehrt. Dargestellt werden diese Göttinnen mit Schlangen in der Hand oder mit Schlangen, die um ihren Leib gewunden sind. Nirgendwo geht für die Göttin eine Gefahr von der Schlange aus. Im Gegenteil: die Beziehung zwischen der Göttin und der Schlange ist vertrauensvoll.[57]

Die Schlange ist auch Bestandteil der Kopfbedeckung der Pharaonen, und bis heute sehen die Mediziner die Schlange als ihr Symbol.

Auch die ägyptische Göttin Isis wird mit Schlangen dargestellt (s. Abb. S. 85).

Im Zusammenhang mit Eva wird die Schlange einmal auch nicht als Verführerin gesehen sein. Einen Hinweis darauf gibt die Schlange im Garten der Hera in der griechischen Mythologie. Ladon, die Schlange, bewacht die goldenen Äpfel im Garten der Hera. Sie steht also im Dienst der Göttin, sie ist keine Verführerin und überhaupt nicht bedrohlich.

Auch China kennt viele Geschichten von Drachen. Es gibt dort aber keine Geschichten, die von Kämpfen mit Drachen erzählen.[58]

Die vorchristliche Mythologie kannte die Schlange und den Drachen als Tiere der Göttin, als Symbole des Lebens. Da von dem Drachen keine Gefahr für die Frau (Göttin) ausgeht, braucht die Frau kein Schwert, ihr reicht der Gürtel. Für Michael und Georg aber ist der Drache die Verkörperung des Bösen, so ist der Kampf auf Leben und Tod zwischen ihnen notwendig.

Die Bibel, vor allem aber die Auslegungsgeschichte der Bibel, identifiziert die Schlange (den Drachen) so stark mit dem Bösen (besonders in Offenbarung 12), dass dies auch die Beziehung der heiligen Frauen zur Schlange (zum Drachen) beeinflusst. Die Beziehung zwischen Margareta und dem Drachen konnte nicht wirklich als vertrauensvoll geschildert werden, sondern auch Margareta wurde eine Drachenbezwingerin: der Drache musste sterben, aber die Wahl der Waffen, wie der Gürtel bei der Frau, ruft noch die alte Vertrautheit in Erinnerung.

Künstler gehen oftmals noch einen Schritt weiter, indem ihre Kunstwerke noch mehr von der alten engen Beziehung zwischen Frau und Drachen zeigen. Es gibt Darstellungen der heiligen Margareta, auf denen sie den Drachen ganz vertraut auf dem Arm trägt, so z.B. auf dem Marienaltar im Dom zu Bardowick (s. Abb. S. 87).

Ebenso wie bei der heiligen Katharina und der heiligen Barbara ist auch bei der heiligen Margareta zu beobachten, dass Motive aus der vorchristlichen Göttinnenverehrung in die Erzählung der Legende eingeflossen sind und das Bild der Heiligen geprägt haben. Der Drache ist das Tier der heiligen Margareta wie der Drache früher das Tier der pelasgischen Eurynome war, der keltischen Schlangengöttin, der ägyptischen Isis, der Muttergottheit in Jütland.

---

[57] Erich Neumann, 1994, S. 143.
[58] Vera Zingsem, Lilith, Adams erste Frau, 1. Aufl., Leipzig 2000, S. 165.

Heilige Margareta, Dom zu
Bardowick, bei Lüneburg[59]

Die heilige Margareta als Schutz bei schweren Geburten

Margareta wird der Legende nach ins Gefängnis geworfen, weil sie nicht von ihrem Glauben an Christus, den gekreuzigten Herrn, ablassen will. Im Gefängnis bittet dann Margareta Christus, ihr den wahren Feind zu zeigen. Es erscheint ein ungeheuerlicher Drache. Margareta hält ihm das Zeichen des Kreuzes entgegen, und der Drache verschwindet. Dann zeigt sich der Feind noch einmal in der Gestalt des Teufels, auch den Teufel kann Margareta überwinden. Als sie sich danach immer noch weigert, den Göttern zu opfern, lässt sie der Richter mit brennenden Fackeln versengen und dann mit gefesselten Händen in ein Becken mit Wasser werfen. Aber die Erde erbebt, und Margareta steigt unversehrt aus dem Wasser.

    Margareta wird in der Legende nicht allein durch den Drachen bedroht, sondern zudem durch sein Element, durch das Wasser. Aber Margareta übersteht auch diese Gefahr.

---

[59] Foto: Karsten Schmaltz, Lüneburg.

So wird Margareta als die Herrscherin des Wassers verehrt. Im Volksglauben wird sie schon früh (ab dem 10. Jahrhundert) mit dem Regen in Verbindung gebracht. So wird sie im Mittelalter überall um Regen angerufen. Margareta schüttet den Regen aus den himmlischen Brunnen. Die Inschrift auf einer Margareten-Glocke in der badischen Stadt Waldkirch lautet: „Margareta heiß ich, Alle schweren Wetter weiß ich, Alle schweren Wetter kann ich vertreiben." In einem alten Kinderlied aus Schleswig-Hostein heißt es: „Da hängt die Glocke an der Wand, darauf sitzt Margarethen, lässt das Wasser fließen, darüber sitzt Maria mit dem Kindlein im Schoß."

Margareta ist als Herrscherin über den Regen auch gleichzeitig die Schutzheilige der Bauern. Der Sachsenspiegel aus dem 13. Jahrhundert gibt eine Regel wieder, die besagt, dass dem die Ernte gehört, der das Feld bis zum Fest der heiligen Margareta am 20. Juli bestellt hat.

Das Wasserbecken, das zerspringt und dem Margareta heil entsteigt, sagt auf der symbolischen Ebene noch mehr über die Macht der Margareta aus. Das Gefäß zerbricht und das Wasser entspringt dem Gefäß, so wie bei einem Geburtsvorgang das Fruchtwasser aus der Fruchtblase fließt. Erich Neumann beschreibt einen Zusammenhang der Motive Wasser – Regen – Geburt in der Symbolsprache des „Großen Weiblichen": „Als Himmelskuh nährt das große Weibliche die Erde mit seinem Milchregen, und als Uterus ist es das Gefäß, das bei der Geburt ‚gebrochen wird' und das Wasser ausströmen lässt wie die Erde, die wassergebärende Gottheit der Tiefe."[60]

Dass Margareta Macht bei der Geburt hat, zeigt dann die Legende, die Margareta in ihrer Sterbestunde für die Frauen bei schweren Geburten beten lässt. Und wie bei den Gebeten der heiligen Katharina und Barbara in ihren Sterbestunden sagt eine himmlische Stimme Margareta die Erhörung ihres Gebetes zu.

Frauen können sich also bei Geburten an die Heilige wenden, und sie haben es getan. So wurde bei schweren Geburten die Legende der heiligen Margareta vorgelesen.[61] Der Beistand der heiligen Margareta ist für die Frauen des Mittelalter besonders wichtig, wurden doch die Schmerzen beim Gebären von der Kirche als Strafe Gottes gedeutet. Wie befreiend muss es da gewesen sein, mit Gottes Zustimmung in der Not eine heilige Frau zur Seite zu haben.

Die Legende der heiligen Margareta löst nicht grundsätzlich und theologisch den in der Kirche gesehenen Zusammenhang von Geburt und Sünde, Schmerzen und Strafe Gottes, wohl aber hilft sie einzelnen Frauen bei schweren Geburten.

So ist die hohe Verehrung der heiligen Margareta verständlich, ist sie doch eine große Hilfe in oft schwerer Not.

---

[60] Jutta Ströter-Bender, 1990, S. 140; Erich Neumann, 1974, S. 130.
[61] Ebd., S. 141.

4. Die heilige Ursula und der Friede

Legende[62]

In der Bretagne lebte ein König mit Namen Nothus oder Maurus. Er war ein frommer Christ und er hatte eine Tochter Ursula, die berühmt war wegen ihrer Tugendhaftigkeit, Weisheit und außerordentlichen Schönheit.

Der König von England hatte vom Ruhm der Ursula gehört und sah in ihr eine geeignete Frau für seinen Sohn.

So schickte der König von England Boten zum König in die Bretagne mit einem Heiratsgesuch. Er ließ durchblicken, dass im Falle einer Ablehnung Schlimmes zu erwarten sei.

Der König von England aber war Heide, und Maurus wollte seine Tochter nicht mit einem Heiden verheiraten. Außerdem wusste Maurus, dass seine Tochter ihr Einverständnis nicht geben würde.

Ursula aber hatte eine Eingebung Gottes, der ihr riet, der Heirat zuzustimmen allerdings unter gewissen Bedingungen:

Ihr sollten zehn Jungfrauen gegeben werden und jeder Jungfrau wiederum 1000 weitere Jungfrauen.

Es sollten Schiffe bereitet werden. Ursula sollte drei Jahre Zeit gegeben werden, und der englische Königssohn sollte sich taufen lassen.

Der Königssohn nahm die Bedingungen gern an, er ließ sich taufen.

Viele hochrangige Menschen gesellten sich zu Ursula. Unter ihnen waren der Bischof von Basel, Pantalus und die Königin von Sizilien mit ihren vier Töchtern Babilla, Juliana, Victoria und Aurea.

Ursula bekehrte alle Jungfrauen zum christlichen Glauben. Sie schifften sich ein und kamen bei günstigem Wind bis nach Tyella in Gallien und von dort aus nach Köln.

Ein Engel erschien der Ursula und sagte ihr, dass sie alle später nach Köln zurückkehren werden und da die Märtyrerkrone erringen werden.

Auf den Rat des Engels fuhren sie nach Basel. Von Basel aus gingen sie zu Fuß nach Rom.

Der Papst Cyriakus empfing sie in Rom mit aller Würde.

Gott offenbarte dem Papst, dass er mit Ursula die Krone des Martyriums empfangen werde.

Der Papst legte sein Amt nieder, um mit Ursula nach Köln zu ziehen. Das erregte in Rom sehr viel Ärger. Zwei übelgesinnte Anführer des römischen Heeres schickten Boten zu ihrem Verwandten Julius, dem Fürsten des Hunnenvol-

---

[62] Jakobus de Voragine, 1999, S. 620ff. Die Legende trägt die Überschrift: Von den elftausend Jungfrauen.

kes mit dem Auftrag, Julius solle mit seinem Heer nach Köln ziehen und dort die vielen Jungfrauen und ihre Begleiter umbringen.
 Viele Menschen machten sich mit den Jungfrauen auf den Weg von Rom nach Köln.
 Ethirius, der Verlobte der Ursula, der inzwischen König geworden war und noch in England weilte, erhielt von Gott den Auftrag, seiner Braut entgegen zu ziehen. Und Gott offenbarte ihm, dass er in Köln die Palme des Martyriums empfangen werde.
 Etherius gehorchte dem Befehl Gottes.
 Alle Jungfrauen, viele Bischöfe und der Papst kamen in Köln an.
 Köln war bereits von den Hunnen belagert. Die Hunnen stürzten sich auf die Ankommenden und töteten alle außer Ursula. Der Hunnenkönig sah Ursulas wunderbare Schönheit, er staunte, versuchte sie über den Tod so vieler Jungfrauen zu trösten und versprach ihr, sie zur Frau zu nehmen.
 Ursula wies dies entrüstet von sich. Da erschoss der Hunnenfürst Ursula mit dem Pfeil. So vollendete Ursula ihr Martyrium.
 Eine Jungfrau, Cordula mit Namen, hatte sich aus Furcht versteckt. Am folgenden Tag aber stellte sie sich den Hunnen. Sie wurde erschossen und empfing die Palme des Martyriums.

Von der Legende zu einem Roman

Die Ursulalegende ist von einer kleinen Geschichte über viele Jahrhunderte hinweg in verschiedenen Phasen zu einer sehr großen Legende gewachsen, ja zu einem Roman.[63]
 Der Beginn der Legende liegt in einer römischen Inschrift (die so genannte Clementius-Inschrift aus dem 4. Jahrhundert) die an der Südseite im Chor der St. Ursulakirche in Köln eingemauert ist. Die Inschrift besagt, dass in Köln Jungfrauen um Christi willen den Tod erlitten, und dass ein vornehmer Mann aus dem Ōent mit Namen Clemantius eine zerfallene Basilika auf seinem eigenen Grund und Boden wiederhergestellt hat. Die Inschrift enthält keine Zahl der Jungfrauen und keine Namen, aber sie geht von einer nur kleinen Anzahl aus.
 Außer dieser Inschrift gibt es für die nächsten Jahrhunderte keine Quellen.[64] Erst im 8. Jahrhundert wird einiges neues von den Jungfrauen erzählt. Die Jungfrauen stammen jetzt nicht aus Köln, sie kommen entweder aus Britannien oder aus Batavien. Unter ihnen soll die Tochter des britannischen Königs gewesen sein, die in England Vinnossa und in Köln Pinossa heißt.

---

[63] Vgl. zum Ganzen Wilhelm Levison, Das Werden der Ursulalegende, Köln 1928.
[64] Ebd., S. 2ff.

Aus wenigen Jungfrauen, die in der Inschrift des Clemantius angenommen wurden, sind jetzt viele Tausend geworden. Diese Jungfrauen werden in Köln von Liktoren ermordet.

Um die Zahl der Jungfrauen und um den Namen der Hauptperson geht es in den folgenden Jahrhunderten.

Sehr spät erst erscheint in der Legende der Name Ursula. Erst im 11. Jahrhundert festigt sich der Name Ursula als Anführerin der Jungfrauen.

In Klerikerkreisen hat man an einer kleinen Zahl von Jungfrauen festgehalten. Im Volk hat sich bald die Zahl 11.000 eingebürgert, besonders im Kölner Raum. Mit der Festlegung der Zahl geht die Festschreibung des Namens der heiligen Ursula Hand in Hand. Bezüglich des Namens Ursula zeigen sich keine Unterschiede zwischen Volk und Klerikern.

Im 11. Jahrhundert ist Ursula unbestritten die Jungfrau der Legende, und die Zahl der sie begleitenden Jungfrauen bleibt bei 11.000.

In der zweiten Hälfte des 11. Jahrhunderts erscheint eine lateinische Schrift mit dem Titel: Passio sanctarum undecim millium virginum (Leiden der heiligen 11.000 Jungfrauen) die die Legende sehr ausschmückt. Zwei Motive, die Jakobus de Voragine nicht erzählt, sind aus dieser Schrift in heute bekannten Fassungen der Ursulalegende aufgenommen worden:[65] *Das erste Motiv erzählt, Ursula habe ein Gelübde abgelegt, Jungfrau zu bleiben und ihr Leben Christus zu weihen. Dieses Gelübde bringt Ursula und ihren Vater in Schwierigkeiten, als der König von England Ursula als Frau für seinen Sohn gewinnen will.*

Ursula hat eine göttliche Vision, die ihr sagt, den Heiratsantrag anzunehmen, um den Frieden zwischen Bretanien und England zu sichern.

Das zweite Motiv erzählt am Schluss, *dass die Hunnen nach dem Blutbad durch eine Vision erschreckt werden: Ein himmlisches Heer von 11.000 Engeln erscheint und die Hunnen fliehen aus der Stadt. Die befreiten Kölner eilen vor die Tore ihrer geretteten Stadt, um die getöteten Frauen zu begraben.*

In den Jahren 1155–1164 finden auf dem Feld, in dem man die Märtyrerinnen begraben glaubte, Grabungen statt. Viele Gebeine, darunter auch Gebeine von Männern und Kindern, werden dabei entdeckt.

Durch diese Funde angeregt wird die Legende noch einmal entscheidend erweitert. Viele männliche Begleiter werden dem Zug der heiligen Ursula hinzugefügt. Der Bräutigam der Ursula bekommt den Namen Etherius. Üppig ausgeschmückt werden die Empfänge in Rom und anderen großen Städten, und viele Bischöfe und Geistliche finden ihren Platz in der Legende.

---

[65] Joachim Schäfer, 2001, Biographie Ursula.

Die Zahl 11.000

Die große Spannbreite bei der Anzahl der Jungfrauen stellt die Frage nach den Hintergründen dieses Phänomens.

Bis heute neigen Menschen dazu, eine kleine Zahl als Geleit der heiligen Ursula anzunehmen.[66] Die große Zahl wird dann eher in einem Lesefehler gesehen. Viele Handschriften benutzen Abkürzungen, etwa XM Virginum. Die Abkürzung XM sei fälschlich als 11.000 Jungfrauen gelesen worden. Es sollte aber richtig M nicht als Abkürzung für mille, sondern als Abkürzung für Märtyrerin gelesen werden. Richtig gelesen hieße XM Virginum dann 11 jungfräuliche Märtyrerinnen.

Diese Deutung trifft aus folgendem Grund nicht zu: Es gibt mehrere frühe Handschriften der Ursulalegende, in denen die Zahl 11.000 ausgeschrieben ist: undecim millium. Es kann sich bei der Zahl 11.000 also nicht um einen Lesefehler handeln.[67]

Das Volk erzählt unbeirrt von 11.000 Jungfrauen. Es hat offensichtlich kein großes Interesse an historischer Plausibilität, wohl aber ein Interesse an der großen Zahl.

Die Wissenschaft hat sich sehr um die Aufhellung der Zahl 11.000 bemüht, und zu begründen versucht, warum schließlich der Name Ursula der Name der Anführerin der 11.000 Jungfrauen geworden ist. Levison stellt fest, dass die Quellen nicht für eine Klärung der Fragen ausreichen.

In der Forschung[68] wird auch die Meinung vertreten, dass das Volk die Zahl 11.000 aus der Mythologie kennt. Von der germanischen Göttin Holla werden Winterumzüge erzählt, bei denen Holla von 11.000 Elben begleitet wird.[69] Sonja Rüttner-Cova nimmt an, dass diese Zahl auf die Jungfrauen, die Ursula begleiten, übertragen wurde.

Der Name Ursula

Eine weitere Annahme in der Forschung ist, dass der Name Ursula in der Stadt Köln bereits aus vorchristlicher Zeit bekannt ist. In Köln wurde die Göttin Ursel verehrt.[70] Ursel bedeutet Bärin, genauer kleine Bärin.

---

[66] Statt vieler Interpreten nenne ich Benedicta Hinterbergers, Ð des Klosters und der Ursulaschule in Augsburg, in: Frauenkirchenkalender 2002, Schwerin 2002; Martin Stankowski, Köln. Der andere Stadtführer, Band 2 (Volksblatt Köln 1989) S. 74ff.

[67] Wilhelm Levison, 1928, S. 9f.

[68] Sonja Rüttner-Cova, Frau Holle, die gestürzte Göttin, 3. Aufl., Basel 1993.

[69] Ebd., S. 112ff.

[70] Barbara Walker, 1993, S. 1118.

Der Titel Bärin ist unter den Göttinnen verbreitet. Artemis Kallisto, die griechische Göttin, trägt den Titel „große Bärin" – Ursa major. Denselben Titel hat die helvetische Göttin Artio. Das Sternbild des Großen Bären (Große Bärin) kreist um den Polarstern. Artemis und Artio regierten die Sterne.
Um die große Bärin kreisen viele Sterne. Eine Zahl von 11.000 ist also bei einer Sternengöttin gut denkbar.[71]

Der Hintergrund dieser mythologischen Überlieferung lässt die Interpretation einleuchtend erscheinen, dass Name und Zahl in die Ursulalegende hinübergewandert sind.

Es gibt eine Darstellung der Göttin Artio mit einer Bärin aus dem 2. Jahrhundert vor Christus:[72]

Dea Artio, Bärengöttin, 2. Jahrhundert vor Christus, Fundort Murti, Historisches Museum Bern[73]

Die Bärin wurde in vielen Gegenden der Welt als das gefährlichste Tier angesehen, sie galt deshalb als Kulttier der Göttin. Es gibt Bärengöttinnen in Finnland und Russland; in Griechenland ist Artemis eine Bärengöttin.

---

[71] Ebd.
[72] Carola Meier-Seethaler, Von der göttlichen Löwin zum Wahrzeichen männlicher Macht, Ursprung und Wandel großer Symbole, Zürich 1993, S. 73f.
[73] Siehe ebd., S. 74.

Auf dieser Darstellung (s. Abb. S. 93) sitzt die Göttin Artio der Bärin gegenüber, die Bärin lehnt sich an einen Baum. Carola Meier-Seethaler interpretiert dieses Bild der Göttin mit ihrer Bärin als Leben spendende göttliche Kraft.[74]

Im Berner Wappen ist der männliche Bär das Wappentier. Die Bärin ist durch den männlichen Bären verdrängt worden. Die Farben im Wappen allerdings – schwarzer Bär auf rotgoldenem Grund – sind noch immer die uralten Farben der Göttin, bemerkt Meier-Seethaler kundig.[75]

Es gibt keine Bilder, die die heilige Ursula als Bärengöttin zeigen oder sie mit dem Sternbild der großen Bärin (oder kleinen Bärin) in Verbindung bringen. Auf einem Bild aber, das die Rückkehr der Jungfrauen in Köln darstellt, ist der Himmel voller Sterne. Vielleicht hält dieses Bild eine Erinnerung an die Sterngöttin Ursula fest.

Das Martyrium der Ursula, Rheinisches Bildarchiv Köln[76]

Wir stellen uns heute den Himmel nicht mehr weiblich vor, obwohl wir z.B. das Wort Milchstraße noch benutzen und Milch eindeutig einen weiblichen Zusammenhang benennt. Wir kennen die alten Vorstellungen nicht mehr, wonach

---

[74] Ebd.
[75] Ebd.
[76] Siehe Joachim Schäfer, 2001, Biographie der Ursula.

die Milchstraße als Gespinst der drei Nornen (nordische Göttinnen) verstanden wurde. Auch Holla wurde mit der Milchstraße in Verbindung gebracht.

Ein Bild der ägyptischen Göttin Nut zeigt den Zusammenhang von Sternen Himmel, Sonne und der Weiblichkeit im ägyptischen Raum.

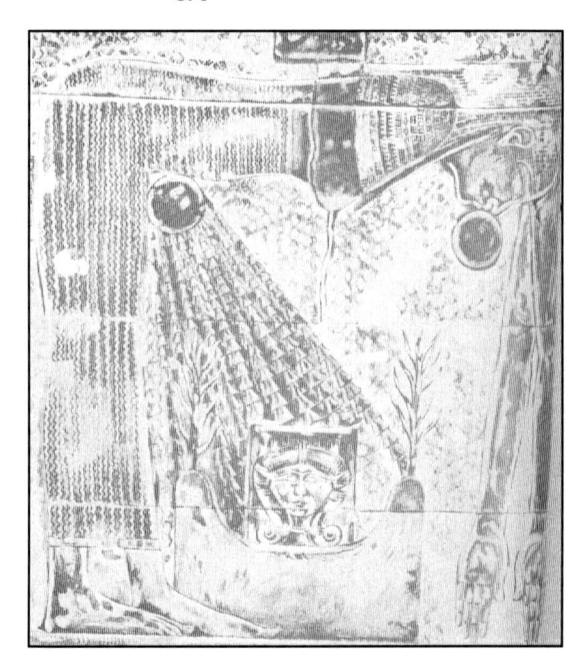

Gemaltes Deckenrelief, Hathor-Tempel, Dendera, Ägypten, römische Periode[77]

Das Bild zeigt die Göttin Nut in einer Weise, in der ihr Leib das Himmelsgewölbe bildet. Abends verschluckt die Göttin die Sonne und morgens gebiert sie die Sonne wieder. Aus dem Busen der Göttin fließt Milch.

Der Pfeil als Marterwerkzeug und als Symbol der Macht über den Tod

Die heilige Ursula wird immer mit dem Pfeil dargestellt (s. Abb. S. 96, links). Es ist ihr Marterwerkzeug, denn mit einem Pfeil wurde sie getötet.

Der Pfeil als Symbol deutet aber nicht nur darauf hin, dass die Person, die ihn hält, mit dem Pfeil getötet worden ist. Es gibt z.B. ein Bild von den drei Bethen von Meransen (Bistum Brixen) (s. Abb. S. 96, rechts). Es sind die drei Jungfrauen, die schon mit den Namen Ambeth, Wilbeth und Borbet bei der heiligen Katharina vorgestellt worden sind. In Meransen haben sie die Namen

---

[77] Erich Neumann, 1994, Tafel 36.

Aubet, Cubet und Guerre. Die rechte Jungfrau Guerre hat einen Pfeil in der Hand. Sie ist nicht von einem Pfeil getötet worden. Bei ihr ist der Pfeil ein Zeichen ihrer Macht über den Tod.[78]

Auch bei den drei Jungfrauen von Leutstetten/Oberbayern tragen zwei Jungfrauen einen Pfeil in der Hand.[79]

Die heilige Ursula mit dem großen
Pfeil auf der Chorwange in
St. Johannes in Lüneburg, um 1420[80]

Die drei Jungfrauen von Meransen:
St. Aubet, St. Cubet und Guerre[81]

---

[78] Erni Kutter, 1997, S. 29ff.
[79] Ebd., S. 143ff.
[80] Foto: Karsten Schmaltz, Lüneburg.
[81] Foto: Erni Kutter; siehe auch Erni Kutter, 1997, S. 31.

Ebenso ist die griechische Göttin Artemis mit dem Pfeil bekannt.
So haben Artemis und die heilige Ursula möglicherweise die Beziehung zu den Sternen und den Pfeil gemeinsam und damit auch die Macht über den Tod.

Ursula, eine Frau des Friedens

Die in der Legende als außerordentlich schön geschilderte heilige Ursula ist über die Grenzen des Landes hinaus bekannt. Der König von England begehrt sie zur Schwiegertochter, der König der Hunnen möchte sie heiraten.

Schönheit bedeutet auch bei Ursula nicht nur eine Beschreibung der äußeren Erscheinung, sondern die Schönheit charakterisiert ihr Wesen. Die Schönheit verleiht ihr eine große Anziehungskraft, die sich in der Öffentlichkeit entfaltet.

Schon bei den Heiligen Barbara, Katharina und Margareta ist deutlich geworden, dass die Hervorhebung der Schönheit nicht der Sicht der Kirche entspricht.

Ursula lebt in einem starken Glauben. Sie hat das Gelübde abgelegt, Jungfrau zu bleiben, sich ganz Christus zu weihen. Aber sie hält nicht starr an ihrem Gelübde fest. Um den Frieden zu wahren, befähigt sie eine Vision Gottes, auf ihr Gelübde zu verzichten. Es gibt Wichtigeres als das Gelübde, Jungfrau zu bleiben. In der Legende ist der Friede das Wichtigste.

Die Legende sieht die Möglichkeit, ein Gelübde um des Friedens willen zu brechen. Mit dieser Einstellung setzt sich die Legende auch mit einer biblischen Tradition auseinander. In Richter 11, 1ff wird die Geschichte von Jephta, einem Richter in Israel, erzählt. Diese Geschichte setzt die Einhaltung eines Gelübdes selbst über das Leben der Tochter Jephtas:

Jephta, der sich in schwierigen kriegerischen Auseinandersetzungen mit den Ammonitern befindet, gelobt Gott, wenn er ihm die Ammoniter in die Hand gibt, er das erste opfert, was ihm bei seiner Rückkehr aus seinem Haus entgegenkommt. Als Jephta nach Haus kommt, geht ihm seine Tochter (ein Name wird nicht genannt) mit Pauken und Reigen entgegen. Die Tochter ist Jephtas einziges Kind.

Jephta zerreißt sich seine Kleider, aber er sagt: Ich habe meinen Mund aufgetan vor dem Herren und kann es nicht widerrufen.

Die Tochter stimmt ihrem Vater zu. Sie sagt: So tue du mir, wie dein Mund vor Gott geredet hat.

Sie bittet aber um zwei Dinge. Sie möchte zwei Monate Zeit haben, damit sie mit ihren Freundinnen in die Berge gehen könne, um ihre Jungfrauenschaft zu beweinen.

Der Vater erfüllt ihr die Bitten. Die Tochter und ihre Freundinnen gehen in die Berge und nach zwei Monaten kommen sie zum Vater zurück, und der Vater opfert seine Tochter.

Es ist deutlich, dass die Ursulalegende diese Geschichte kennt und auf sie Bezug nimmt. Die Tochter Jephtas bittet um eine Frist von zwei Monaten, um mit ihren Freundinnen in die Berge zu ziehen. Ursula bittet um eine Frist von drei Jahren, um mit ihren Freundinnen nach Rom zu gehen.

Das Gelübde allerdings wird völlig anders gewertet. Für Jephta und auch für seine Tochter hat das Halten des Gelübdes oberste Priorität, es steht über dem Leben eines Menschen. Die Ursulalegende versteht das Gelübde nicht als Wert an sich, schon gar nicht steht es über dem Leben von Menschen. Der Friede ist wichtiger als das Halten eines Gelübdes – das ist die Botschaft der Ursulalegende. So schildert die Legende Ursula als Frau des Friedens.

Am Schluss der Legende wird noch einmal deutlich, dass der Friede ein Thema der Legende ist. Nach dem Tod der 11.000 Jungfrauen kommt ein himmlisches Heer von 11.000 Engeln und befreit die Stadt Köln.[82]

Die Legende, wie sie im Kölner Raum erzählt wurde, verbindet Ursula mit dem Frieden.

Diese Verknüpfung von Ursula mit dem Frieden ist aber nicht nur auf Köln begrenzt. Lüneburg kennt ebenfalls eine Geschichte des Friedens mit der heiligen Ursula. Die Bürger von Lüneburg hatten Streit mit dem Herzog Magnus von Braunschweig. In der Ursulanacht am 21. Oktober 1371 kommt es nach lange eskalierenden Schwierigkeiten zu einer Schlacht in der Stadt. Die Truppen des Herzogs nähern sich der St. Johanniskirche. Da erscheint ihnen die heilige Ursula mit einigen ihrer Jungfrauen. Die Truppen des Herzogs erschrecken und fliehen. Sie werden besiegt.[83] Lüneburg hat lange Zeit Frieden.

Eine andere Version hält dagegen:[84] Eine Bürgerwehr habe sich den Truppen des Herzogs bei der St. Johanniskirche entgegengestellt und die Flucht der herzöglichen Truppen bewirkt.

Die Lüneburger Bürger haben den Sieg der heiligen Ursula gedankt, indem sie über 300 Jahre lang am Ursulatag Dankgottesdienste in der St. Johanniskirche feierten, auch noch, nachdem die Johanniskirche längst evangelisch geworden war.

Die Legende entfaltet ein positives Menschenbild. Ursula sind viele Menschen zugeordnet, alle (außer dem Hunnenkönig) werden positiv geschildert.

Die 11.000 Jungfrauen sind bereit, den langen Weg nach Rom mitzugehen und schließlich in Köln genau so wie Ursula zu sterben.

---

[82] Vgl. Wilhelm Levison, 1928, S. 12f. Aus der zweiten Hälfte des 11. Jahrhunderts ist eine Legendenfassung in lateinischer Sprache erhalten, die den Titel trägt: Passio sanctarum undecim millium virginum (nach den Anfangsworten Regnante domino zitiert) In dieser Fassung ist sowohl das Gelübde von Ursulas Jungfräulichkeit enthalten, wie die Vision des Engelsheeres, das die Hunnen nach ihren Morden erschreckt und in die Flucht geschlagen hat.

[83] Wilhelm Volger, Die St. Ursulanacht, Lüneburger Neujahrsblatt, 1896.

[84] Wilhelm Reinecke, Geschichte der Stadt Lüneburg, 1. Bd., Lüneburg 1977, S. 138ff.

Ursulas Vater handelt nicht über seine Tochter hinweg, ihm ist Ursulas Einverständnis wichtig.

Etherius, der Ursula heiraten will, ist bereit, auf Ursulas Wünsche einzugehen. Er wird Christ, er wartet drei Jahre auf sie und schließlich ist auch er in der Lage, den Märtyrertod mit Ursula zu erleiden.

Der Papst Cyriakus empfängt Ursula in Rom. Er gibt sein Amt auf, um mit Ursula nach Köln zu ziehen und dort mit Ursula den Märtyrertod zu sterben. Ebenso gibt es in Ursulas Gefolge mehrere Bischöfe. Die strenge Hierarchie der Kirche wird an einigen Punkten gelockert. Die heilige Frau zu begleiten, ist wichtiger, als an Ämtern festzuhalten.

Als durch den Heiratsantrag des englischen Königs der Friede zwischen den Völkern in Gefahr gerät, ist die Bewahrung des Friedens wichtiger als das Gelübde. Die Repräsentanten der Kirche dienen den Menschen, die Menschen müssen sich nicht starren Normen der Kirche unterordnen.

Darstellungen

Ursulas Wertschätzung als Heilige zeigt sich deutlich darin, dass sie oft mit dem Schutzmantel bekleidet wird, der eigentlich ein Attribut der Maria ist.

Stephan Lochner[85] hat die heilige Ursula so als Schutzmantelheilige dargestellt. Vier Frauen mit Heiligenschein – vermutlich vier der 11.000 Jungfrauen – finden unter ihrem Mantel Platz.

Ebenso versteht Hans Memling[86] die Heilige. Er malt die heilige Ursula mit Pfeil und Schutzmantel. Zu sehen sind unter dem Mantel 10 junge Frauen, wohl aus der Schar der 11.000 Jungfrauen.

Auf einem Schrein von 1156 in der Kirche St. Ursula in Köln erhält Ursula ihren Platz zwischen zwei himmlischen Wesen: dem Erzengel Michael und dem Erzengel Gabriel. Ursula steht in der Mitte, sie ist größer dargestellt als die Erzengel. Eine für uns heute kaum vorstellbare Würde drückt diese Gruppierung aus.[87]

Hinrik Levenstede malt in Lüneburg eine mit allerhöchster Würde ausgezeichnete heilige Ursula; sie ist auf der Rückwand des Taufaltars in der St. Johanniskirche zu finden (s. Abb. S. 100).

Levenstede hat seine heilige Ursula über hundert Jahre nach jener Ursulanacht gemalt, in der die Heilige den Lüneburgern zum Sieg und damit zu Frieden verholfen hat.

---

[85] Stefan Lochner, Ursula als Schutzmantelbild (Heisterbacher Altar), Museum Köln, in: Egbert Delpy, Die Legende von der Heiligen Ursula, Köln o. J., o. Sz.
[86] Paul Lambotte, Hans Memling, der Meister des Schreins der heiligen Ursula, Wien 1939, S. 9.
[87] Joachim Schäfer, 2001, Biographie Ursula.

Trüge nicht Ursula den Pfeil in der Hand, könnte die Darstellung für eine Mariendarstellung gehalten werden. Engel halten den Mantel der heiligen Ursula, und auch gekrönte Menschen finden Schutz bei ihr. Levenstede bringt die heilige Ursula in Zusammenhang mit Engeln, mit Himmelswesen.

Die Darstellungen zeigen, dass die heilige Ursula zu den ganz großen und wichtigen Heiligen gezählt wird. Da mögen noch Erinnerungen an die alte Sterngöttin festgehalten sein.

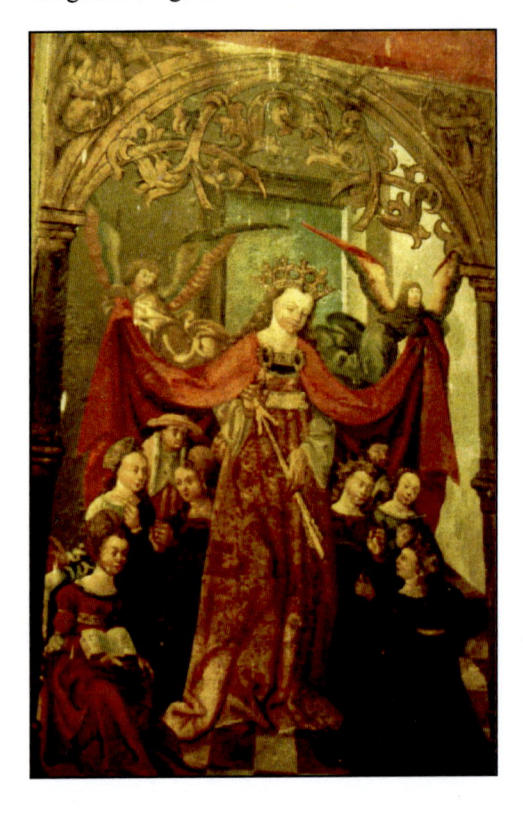

Heilige Ursula, St. Johannis,
Hinrik Levenstede,
Lüneburg, um 1508[88]

Die Erzähler der Legenden

Über Jahrhunderte ist die Ursulalegende gewachsen.

Levison[89] hält das Volk für den Erzähler der Ursulalegende. Traditionen, aus denen das Volk schöpft, nennt er Volkstraditionen. Levison differenziert nicht

---

[88] Foto: Karsten Schmaltz, Lüneburg.
[89] Wilhelm Levison, 1928, S. 5.

weiter, was er unter Volk versteht. Er macht keine soziologischen Aussagen über das Volk. Er sieht das Volk als Ganzes auf der einen und die Kleriker auf der anderen Seite. Somit sind mit dem Volk wohl in erster Linie die Laien gemeint. Amtskirche und Volk stehen sich beim Ausschmücken der Legende gegenüber.[90]

Ich übernehme den Begriff Volk für den Erzähler der Legenden, wenn nicht ausdrücklich andere Erzähler genannt sind. Von Volk oder von Volksfrömmigkeit zu reden, ist bis heute in der Literatur üblich.[91] Ich verstehe den Begriff Volk etwa im Sinne des heutigen Begriffs Kirchenvolk in der Kirchenvolksbewegung.

Bei der Ursulalegende hat sich auch in der Kirche die Legendenversion des Volkes durchgesetzt. Jakobus de Voragine hat die Zahl 11.000 in seine Legendensammlung übernommen, er gibt der Legende die Überschrift „Von den elftausend Jungfrauen." Für die Ursulalegende also ist nachgewiesen, dass Jakobus de Voragine eine ausgebildete Legende vorfand, die – wenn auch in Reibung mit den Klerikern – schon vor seiner Zeit Eingang in die Kirche gefunden hat.

Es ist schwer, den Anteil des Kirchenvolks und der Kleriker am Erstehen der Legenden auseinander zu halten.

Genauso schwer ist es, eindeutig zu sagen, wer die Legenden in der Kirche heimisch gemacht hat: Kirchenvolk oder Kleriker. Interessant ist die Frage für die Wahrnehmung und Wertschätzung von Frauen in den Legenden, die sich so sehr von der Wertung der Amtskirche unterscheiden.

Es ist unzweifelhaft, dass Jakobus de Voragine und mit ihm die vielen Prediger, die seine Legendensammlung als Grundlage ihrer Predigten nutzten, großen Anteil an der Verbreitung der Legenden in der Kirche haben. Aber Jakobus versteht sich selber als Sammler. Er wird kaum bewusst das positive Frauenbild in die Legenden eingebracht haben.

Die Legenden mit der Beschreibung des Lebens der heiligen Frauen und ihrem positiven Frauenbild sind wohl stark von der Volksfrömmigkeit geprägt. Bei der heiligen Katharina, der heiligen Barbara und der heiligen Margareta ist deutlich geworden, dass das Brauchtum und viele Darstellungen der Heiligen in Göttinnentraditionen wurzeln.

Bei der heiligen Ursula kann gesagt werden, auch in die Legende selbst sind Motive aus diesem alten Glaubensschatz eingeflossen.

---

[90] Ebd., S. 10.
[91] Marienlexikon, Remigius Bäumer/Leo Scheffczyk, 1. Bd., St. Ottilien 1988, Artikel Anna III Th. Theologie, S. 155f.

5. Die Mutter und Großmutter Jesu als heilige Frauen

Maria und die heilige Anna sind durch ihre verwandtschaftliche Beziehung mit Jesus herausragende Frauengestalten. Insofern haben sie eine besondere Stellung unter den verehrungswürdigen Frauen und gehören nicht einfach in die Reihe der heiligen Frauen, wie Katharina oder Barbara.
Andererseits zeigen die Formen ihrer Verehrung, dass sie ihre Bedeutung nicht allein durch ihre Verwandtschaftsbeziehung zu Jesus gewannen, sondern durchaus als eigenständige Personen verehrt werden und auch ihre Verehrung wie die der anderen heiligen Frauen aus verschiedenen Göttinnentraditionen schöpft.

Maria – Jungfrau und Gottesgebärerin

Die Geburt Jesu[92]

Anna und Joachim hatten ihre Tochter Maria dem Herrn geweiht.
Als Maria 3 Jahre alt war, brachten ihre Eltern sie zum Tempel und kehrten nach Hause zurück. Maria lebte weiterhin mit anderen Jungfrauen im Tempel.
Maria hatte sich einen strengen Tagesablauf im Tempel auferlegt, sie betete morgens einige Stunden, dann widmete sie sich dem Weben, danach betete sie wieder. Ein Engel brachte ihr Nahrung.
Als Maria 14 Jahre alt war, wollte der Hohepriester Maria nach Haus schicken, um sie dort zu verheiraten.
Maria wies dieses Ansinnen jedoch zurück mit der Begründung, ihre Eltern hätten sie dem Herrn geweiht, und sie habe dem Herrn Jungfräulichkeit gelobt.
Der Hohepriester betete zum Herrn um eine Lösung des Problems.
Da ertönte eine Stimme, die sagte: „Alle heiratsfähigen Männer aus Israel sollen zusammenkommen und einen Stab zum Altar bringen. Und der, dessen Stab ausschlage, und auf dem sich eine Taube niederlasse, sei bestimmt, Maria zu heiraten."
Auf diese Weise wurde Josef als Ehemann für Maria auserwählt.
Nach der Wahl kehrte Josef nach Haus zurück, und Maria kehrte zurück zu ihren Eltern.
Dort erschien Maria der Engel und verkündete ihr die Geburt Jesu.
Im Jahr 5228 oder 6000 nach Adam erließ der Kaiser Augustus einen Befehl zur Schätzung aller Menschen, und Josef nahm Maria und machte sich mit ihr auf von Nazareth nach Bethlehem.

---

[92] Jakobus de Voragine, 1999, S. 520ff.

Als die Zeit herankam, dass Maria gebären sollte, fanden die beiden Zuflucht in einem Durchgang zwischen zwei Häusern.
Bei der Geburt ereigneten sich wunderbare Dinge. Maria war Jungfrau vor und nach der Geburt. Zwei Hebammen wurden Zeugen, sie hießen Zebel und Salome. Zebel untersuchte Maria und fand, dass sie auch nach der Geburt Jungfrau war. Das erzählte sie Salome, diese aber wollte es nicht glauben, sie wollte es selber nachprüfen. Als sie die Hand an Maria legte, vertrocknete ihre Hand.
Auf ihre Bitten hin durfte Salome mit ihrer Hand den Knaben berühren, und ihre Hand wurde wieder heil.
In der Nacht der Geburt geschahen weitere wunderbare Dinge. Die Dunkelheit verschwand, in Rom verwandelte sich eine Wasserquelle in eine Ölquelle.
Den Magiern erschien ein Stern, der die Gestalt eines schönen Knaben hatte, dieser Stern forderte sie auf, nach Judaea zu ziehen.
Im Osten erschienen drei Sonnen als Hinweis auf den Dreieinigen Gott.
Kaiser Oktavian erkannte durch die Prophetin Sibylle, dass er nicht der größte sei, sondern dass der Knabe Jesus größer sei als er. Er ließ sich deshalb nicht als Gott anreden.
In der Nacht der Geburt blühten die Reben von Engadi. Ein Rind und ein Esel erkannten den Herrn. Engel erschienen den Hirten auf dem Feld, die in der Nacht der Wintersonnenwende auf dem Feld waren, und die Engel verkündeten den Hirten die Geburt des Herrn.

Jakobus de Voragine notiert,[93] dass er die Legende nach einer Erzählung von Hieronymus (um 347) aufgeschrieben habe. Von Hieronymus wiederum berichtet er, dass dieser eine Erzählung gekannt habe, nach der er geschrieben habe. Jakobus de Voragine greift also auf eine lange Erzähltradition der Legende der Maria zurück.

Die älteste bekannte Quelle ist das Protevangelium des Jakobus (um 150 n. Ch.) [94] Der Verfasser des Protevangeliums ist unbekannt.[95] Hinter der Legende wird einerseits die orthodoxe Theologie vermutet, andererseits aber vor allem die Volksfrömmigkeit.[96]

Jakobus de Voragine erzählt äußerst knapp von der Empfängnis der Maria. Das Protevangelium dagegen schildert ausführlich Marias Schwangerschaft und die Probleme, die durch sie entstehen. Josef bereitet die Schwangerschaft seiner Verlobten große Schwierigkeiten. Er wirft sich vor, Maria nicht genügend be-

---

[93] Ebd.
[94] Erich Weidinger, Die Apokryphen. Verborgene Bücher der Bibel, Augsburg 1993, S. 433ff.
[95] Bettina Eltrop/Claudia Janssen, Das Protevangelium des Jakobus. Die Geschichte Gottes geht weiter, in: Kompendium, Feministische Bibelauslegung, hg. von Luise Schottroff/Marie-Theres Wacker, Gütersloh 1998, S. 795ff, bes. S. 797.
[96] Marienlexikon, 1988, Artikel Anna IIII Th. Theologie, S. 155f.

hütet zu haben. Aber ein Traum erzählt ihm den Zusammenhang der Schwangerschaft mit dem Heiligen Geist und beruhigt ihn.
Als die Kunde von der Schwangerschaft vor den Hohepriester kommt, macht dieser Josef schwere Vorwürfe. Josef und Maria werden wegen der Schwangerschaft einem Verhör unterzogen. Josef wird vorgeworfen, mit Maria die Ehe eingegangen zu sein, ohne sie vorher den Kindern Israels angezeigt zu haben. Maria wird angeklagt, mit Josef unerlaubt geschlafen zu haben. Beide werden dem Gottesurteil unterworfen. Sie müssen nacheinander das Prüfungswasser trinken, und anschließend ins Gebirge gehen. Maria und Josef kehren unversehrt aus dem Gebirge zurück, damit ist ihre Unschuld erwiesen.
Das Protevangelium erzählt auch die Untersuchung von Marias Jungfräulichkeit nach der Geburt durch die Hebammen, die Jakobus de Voragine ebenfalls in seine Sammlung aufgenommen hat.

Dazu erzählt das Protevangelium noch einige Ereignisse von der Geburt Jesu, die Voragine nicht in seiner goldenen Legende aufschreibt:
Alles erstarrte, als Jesus geboren wurde. Die Luft erstarrte. Arbeiter, die um eine Schüssel lagerten und ihre Hände in der Schüssel hatten, blieben in der Stellung liegen. Die Arbeiter, die kauten, kauten doch nicht. Und die Schafe gingen und kamen keinen Schritt voran. Und der Hirt hob einen Stecken, um die Schafe zu schlagen, und seine Hand blieb oben stehen.

Die Mariendogmen der Kirche

An Maria hat das Volk starkes Interesse, es erzählt und spinnt die Legende aus.
Maria ist aber auch der Amtskirche sehr wichtig. Die Kirche hat mehrere Mariendogmen auf ihren Konzilien erlassen. In Ephesus (431) wird Maria zur „Theotokos," Gottesgebärerin, erklärt, und in Chalcedon (451) wird ihre immerwährende Jungfräulichkeit zum Dogma erhoben.[97]

Die Antithese Maria – Eva (s. S. 32ff) die eine glänzende Maria auf der dunklen Folie der Eva sieht, ist von Kirchenvätern (Augustin, Hieronymus, Tertullian u.a.) entfaltet worden.

Sowohl von den Kirchenvätern wie von der Volksfrömmigkeit wird Maria positiv gesehen. Auf Maria fokussiert sich alles Gute.

In dem Kapitel über Eva ist gezeigt worden, dass die Sexualität der Maria von den Kirchenvätern und vom Konzil in Chalcedon exeptionell gesehen wird. Als Jungfrau hat Maria ihren Sohn empfangen und ist auch nach der Geburt Jungfrau geblieben; sie hat ohne Schmerzen geboren. Schließlich wird auch ihre eigene Empfängnis durch Anna als unbefleckt interpretiert.

---

[97] Vgl. Karl Heussi, Kompendium der Kirchengeschichte, 12. Aufl. Tübingen 1956, §34g-k und §4n; Bernd Möller, Geschichte des Christentum in Grundzügen, Göttingen 1965, S. 106ff.

In Fragen der Sexualität unterscheidet sich Maria von jeder Frau, keine Frau kann ihr gleich sein. Da die Sexualität als sündig verstanden wird, ist Maria, die ohne Sexualität empfangen und geboren hat, sündlos, was keine andere Frau erreichen kann. Im Blick auf die Sexualität ist Maria nicht hilfreich für Frauen, die Kinder bekommen.

Das Motiv der Sexualität spielt auch im Protevangelium des Jakobus eine wichtige Rolle, in einer Erzählung also, in die viele Erzählelemente des Volkes eingegangen sind.

Dass die Volksfrömmigkeit ein so starkes Interesse an der Einmaligkeit der Sexualität der Maria hat, ist erstaunlich, wird die normale Frau doch dadurch nicht entlastet, sondern eher belastet.

Es ist für uns heute schwer, die Aussagekraft der immerwährenden Jungfräulichkeit für das Alltagsleben der Frauen im Mittelalter zu entschlüsseln. Denkbar ist, dass die Volksfrömmigkeit hinter der Jungfräulichkeit der Maria mehr und anderes als eine biologisch unberührte junge Frau verstanden hat, nämlich Jungfräulichkeit als eine mythologische Aussage über die Fähigkeit der Frau zur immerwährenden Erneuerung.

Dazu gibt es interessante Parallelen in der vorchristlichen Mythologie: So ist z.B. die dreigestaltige Göttin in ihrer Erscheinungsform als junges Mädchen, als erblühte Frau und als alte Frau (Demeter, Kore, Persephone) eine immerwährende Jungfrau, weil sich die Göttin immer wieder verjüngt. Sie ersteht in jedem Frühjahr – mit dem Lauf der Jahreszeiten – wieder als Jungfrau. Die Jungfräulichkeit ist nicht biologisch verstanden.

Maria und die Göttinnenverehrung

Die Legende erzählt, dass Maria als Kind gesponnen und (oder) gewebt hat. Damit hat Maria die Rolle der großen Spinnerin übernommen. Die große Spinnerin (Skuld von den drei Nornen und die dritte von den drei Moiren) weist den Lebensfaden zu und schneidet den Lebensfaden ab.[98]

Auch die Kunst hat das Motiv – Maria als Spinnerin – aufgenommen. Oftmals geben die Künstler Maria eine Spindel und Faden in die Hand. So hält eine Maria aus Nowgorod aus dem 12. Jahrhundert eine Spindel in der linken Hand, mit der rechten Hand führt Maria den Faden.[99]

Auf Maria sind auch Züge der Demeter übertragen worden. Den Menschen war der Zusammenhang der Göttin mit der Natur und dem Jahreslauf wichtig. Demeter war die Korngöttin, und ihr wurden in Darstellungen oft Ähren beigegeben.

---

[98] Vgl. Artikel Nornen in: Barbara Walker, 1993, S. 796.
[99] Elisabeth Moltmann-Wendel/Maria Schwelien/ Barbara Stamer, Erde Quelle Baum, Stuttgart 1994.

Diese herausragende Bedeutung der Natur nehmen Künstler auf und beziehen sie auf Maria, indem sie sie in einem Ährenkleid malen. So hat ein Meister in Sterzing (um 1450) [100] Madonna im Ährenkleid gemalt: eine stehende Maria, mit gefalteten Händen. Maria trägt ein blaues Kleid, das ganz mit Ähren bemalt ist.

Die stillende Maria

Obwohl mit ihrer eigenen unbefleckten Empfängnis, der jungfräulichen Empfängnis und Geburt Jesu aus dem sexuellen Bereich herausgenommen, hat Maria ihr Kind gestillt.[101]

Albrecht Dürer, Das Marienleben, Maria auf der Mondsichel, Titelblatt um 1510,[102] Grafische Sammlung der Museen der Stadt Nürnberg

Vom Stillen erzählt schon das Protevangelium des Jakobus.
　Maria selbst ist von Anna gestillt worden. Und Jesus nimmt die Brust von Maria, kaum dass er geboren ist. Viele Darstellungen zeigen, wie sie Jesus die Brust reicht.

---

[100] Herbert Haag u.a., Maria, Kunst, Brauchtum und Religion in Bild und Text, Freiburg/Basel/Wien 1997, S. 237.
[101] Vgl. Marina Warner, Maria, Geburt, Triumph, Niedergang – Rückkehr eines Mythos? München 1982, S. 229f.
[102] Ebd., Titelbild.

Aus vielen Darstellungen der stillenden Maria ist hier ein Bild mit Maria im Strahlenkranz[103] von Dürer ausgewählt (. Abb. S. 106) . Maria stillt Jesus, sie ist prächtig gekleidet, sie sitzt im Halbmond, um sie herum der Strahlenkranz und über ihr ein Sternenkranz. Alle Würde liegt bei Maria. Jesus ist ein Säugling ohne alle Ehrenattribute.

Nicht nur der kleine Jesus wird mit der Milch der Maria genährt. Der fromme Zisterzienser Bernhard von Clairvaux hat als Student ein Erlebnis mit der Milch der Maria. Bernhard rezitiert das Ave Maris Stella (Sei gegrüßt, du Stern des Meeres) vor einer Marienstatue, und al s er zu der Stelle kommt Monstra te esse matrem (zeige, dass du die Mutter bist) da erscheint die Jungfrau, drückt ihre Brust zusammen und lässt drei Tropfen Milch auf die Lippen Bernhards fallen.[104] Diese Legende hat mehrere Maler zur Gestaltung inspiriert, so auch den Meister des Marienlebens.

Meister des Marienlebens um 1480, Vision des heiligen Bernhard von Clairvaux Tafelbild, Köln, Wallraf-Richartz Museum, Rheinisches Bildarchiv Köln[105]

Mit dem Motiv der stillenden Maria nimmt die Marienverehrung die ganz alte Tradition der stillenden Göttinnen auf.

---

[103] Ebd., Titelbild.
[104] Ebd., S. 235.
[105] Ernst Günther Grimme, Unsere Liebe Frau. Das Bild Mariens in der Malerei des Mittelalters und der Frührenaissance, (Köln, 1968) Anhang Bild 76, o. Sz.

Göttinnen haben immer ihren Kindern die Brust gegeben, entweder in Menschengestalt, wie etwa Isis, die ihren Sohn Horus stillte, in Gestalt der Wölfin, die Romulus und Remus stillte, oder in Gestalt der Baumgöttin (s. Abb. S. 108)

Palmgöttin, Steinrelief aus Karatepe, um 700 v. Chr.[106]

Mit dem Motiv des Stillen wird Maria einerseits aufgenommen in die lange Tradition der Göttinnen, die ihre Kinder stillen, andererseits gleicht die stillende Maria jeder anderen Frau, die ein Kind geboren hat und es stillt.

Was die Geburt betrifft, können sich Frauen nicht mit Maria identifizieren, aber mit der stillenden Maria hat jede Mutter etwas gemeinsam.

Maria als mater dolorosa

Im Neuen Testament schildert nur das Johannesevangelium die Anwesenheit Marias unter dem Kreuz.[107] Auch bei der Grablegung und dem Besuch der Frauen am Grab am Ostermorgen ist Maria nicht dabei.[108]

---

[106] Urs Winter, Frau und Göttin, Göttingen 1983, Abb. 411.
[107] Johannes, 19, 26-27.

In der Frömmigkeitsgeschichte aber bekommt Maria ihren festen Platz nach der Kreuzabnahme Jesu: Der Sohn liegt auf ihrem Schoß und sie betrauert seinen Tod. So wird sie gleichermaßen von bekannten Künstlern wie auch in der Volkskunst dargestellt:

Pieta, 15. Jahrhundert, Pfarrkirche, Güstrow/Mecklenburg[109]

Auch die Göttinnen haben ihren toten Sohn beweint. Von der Himmelskönigin Inanna und dem Hirten Damuzi ist das Lied erhalten, mit dem Inanna um den toten Damuzi weint.[110]

In sein Gesicht starrt sie und sieht,
was sie verloren hat – seine Mutter,
die ihn an das Totenreich verlor.
Oh, welch grausamer Schmerz
überfällt sie dort in der Einöde.

---

[108] Vgl. Johannes 19, 38-42 und Johannes 20, 1-10.
[109] Foto: Kunst und Denkmal in Norddeutschland, Nr. 044, Schwerin.
[110] Marina Warner, 1982, S. 245.

Ähnlich klagt Maria um ihren Sohn.[111]
> *Überwältigt bin ich mein Sohn,*
> *Überwältigt von Liebe,*
> *Und ich kann nicht ertragen,*
> *dass ich in der Kammer sei*
> *Und du am Holze des Kreuzes*
> *Ich im Hause*
> *Und du dort im Grab.*

Den großen Zusammenhang von Tod und Leben haben die Menschen in Maria wiedergesehen und ihn in Liedern und Bildern gestaltet. Das Bild der trauernden Maria hat seinen Platz gefunden in allen großen Kirchen, aber auch in kleinsten Dorfkirchen.

Die Menschen des Mittelalters sind durch die hohe Sterblichkeit der Frauen bei der Geburt, durch die hohe Kindersterblichkeit und die zahlreichen Verluste bei den Pestepidemien dem Tod sehr ausgesetzt.

Da ist es sehr hilfreich, wenn sich die Menschen in ihrer Trauer mit Maria identifizieren können, mit Maria, die um ihren Sohn trauert.

Maria als Himmelskönigin

Maria ist in der Bibel vor allem durch die Geschichten über Jesu Geburt bekannt. In diesen Geschichten ist Maria herausgehoben aus dem normal Menschlichen. Sie hat Kontakt mit dem Engel, empfängt ihr Kind durch den Heiligen Geist, die Engel verkünden Jesu Geburt bei den Hirten.

Diese Tendenz, in Maria etwas ganz Besonderes zu sehen, hat sich fortgesetzt.

Auf dem Konzil von Ephesus (431) wurde das erste Mariendogma verkündet. Maria erhält den Titel der Theotokos, der Gottesgebärerin. Während des Konzils wird ein heftiger Streit zwischen Nestorius, Patriarch von Konstantinopel, und Cyrill, Patriarch von Alexandria, ausgefochten. Nestorius warnt davor, Maria zur Göttin zu machen.[112]

Cyrill bezeichnet Maria als „verehrungswürdiges Kleinod des ganzen Erdkreises, unauslöschliche Lampe ... unzerstörbarer Tempel, Gefäß des Unerfaßlichen. Ihretwegen jubelt der Himmel ... durch sie wird die gefallene Schöpfung in den Himmel aufgenommen." In solchem Verständnis sieht Nestorius jedoch eine zu große Nähe zu einer Göttin.

Die Stadt Ephesus, in der das Konzil stattfand, hat wohl zusätzlich zur Ausgestaltung der Marienverehrung beigetragen.

---

[111] Ebd., S. 248.
[112] Alan Posener, Maria, Reinbeck bei Hamburg 1999, S. 52ff.

Die Stadt ist aus der Apostelgeschichte 19 bekannt; in ihr befindet sich ein großer Dianatempel. Die Bewohner der Stadt verehren die Göttin sehr. Auf einer Versammlung, die wegen eines Streits, in den Paulus mit der Stadt geraten ist, stattfindet, rufen die Menschen aus Ephesus am Schluss fast zwei Stunden: Groß ist die Diana der Epheser (Apostelgeschichte 19,34).

Knapp 400 Jahre später löst das Ergebnis des Konzils bei der Bevölkerung in Ephesus großen Jubel aus. Die Menge zieht im Fackelzug durch Ephesus und ruft: Heil der Theotokos.[113] Ephesus hatte bald an Stelle des Dianatempels eine Marienkirche. Aus der Stadt der Diana ist eine Stadt der Maria geworden.

Das Konzil von Chalcedon 451 hat Maria dann außerdem noch zur immerwährenden Jungfrau erklärt (Aieparthenos).

Madonna im Strahlenkranz,
Pfarrkirche,
Güstrow/Mecklenburg,
Anfang 16. Jahrhundert[114]

---

[113] Ebd., S. 55.
[114] Foto: Kunst und Denkmal in Norddeutschland, Nr. 43, Schwerin.

Viele Künstler haben Maria als Strahlenkranzmadonna dargestellt (s. Abb. S. 111). Sie haben damit ein Bild aus der Offenbarung (12,1ff) aufgenommen und auf Maria übertragen: Eine Frau ist mit der Sonne gekleidet, der Mond liegt unter ihren Füßen, und ein Kranz von 12 Sternen schmückt ihr Haupt.

Maria hat dadurch verstärkt Züge der im Mittelmeerraum verehrten Himmelsgöttinnen angenommen. In der Marienverehrung stellt sich die Frage nach dem Ursprung der Würde Marias? Hat Maria ihre Würde aus sich selbst, als eigenständige, religiös verehrte Frau oder erhält sie ihre Würde durch das Kind, das sie geboren hat, durch Jesus?

Die Frage wird von Künstlern unterschiedlich beantwortet. Einerseits gibt Jesus seiner Mutter die Würde. Bei der Marienkrönung krönt Jesus seine Mutter; Jesus also stattet seine Mutter mit Würde und Autorität aus.

Marienkrönung in St. Peter und Paul in Betzendorf bei Lüneburg, von Volkmar Klovesten, um 1450[115]

---

[115] Foto: Christian Cordes, Betzendorf.

Andererseits gibt es Darstellungen der Maria mit dem Kind, auf denen Jesus als ein Säugling ohne alle Hoheitszeichen dargestellt ist, und alle Attribute der Würde bei Maria liegen.

Das Bild der Maria mit dem saugenden Säugling von Dürer (s. Abb. S. 106) zeigt Maria in der ganzen Würde der Himmelskönigin und Jesus als saugendes Kind ohne alle Würdeprädikate.

Maria und Sohn, Dom zu Bardowick, um 1430[116]

---

[116] Foto: Karsten Schmaltz, Lüneburg.

Das gleiche Verständnis scheint eine Darstellung der Maria mit ihrem Kind auf dem Marienaltar in Bardowick zum Ausdruck zu bringen (s. Abb. S. 113). Maria hat die volle Würde der Himmelskönigin, Jesus ist ein Kleinkind, nackt und ohne jedes Hoheitszeichen.

Es gibt im Mittelalter noch eine Darstellungsform, die Maria volle Würde und volle Autorität zuspricht und sie sogar über Gott und Christus stellt. Es gibt die Schreinmadonnen.[117] Schreinmadonnen sind Darstellungen der Maria mit dem Kind. Dabei sind die Madonnenfiguren zu öffnen wie ein Schrein, in ihrem Innern finden sich Bilder des Gekreuzigten und (oder) Gott:

Schreinmadonna geschlossen, Liebschau, um 1400, Diözesanmuseum Pelplin[118]

Schreinmadonna geöffnet

---

[117] Vgl. dazu: Roman Ciecholewski, Quis ut Deus. Schätze aus dem Diözesanmuseum Pelplin. Kunst zur Zeit des Deutschen Ordens, Lüneburg 1992.
[118] Ebd., S. 32.

Schreinmadonnen sind von Spanien bis nach Frankreich und Ostpreußen anzutreffen, insbesondere auf dem Gebiet des deutschen Ritterordens in der Zeit des 14. und 15. Jahrhunderts.

Bei den Schreinmadonnen ist klar zu erkennen, dass Maria Jesus die Autorität gibt. Die offizielle Kirche hat die Schreinmadonnen nicht anerkannt. Sie galten als häretisch. Aber die Kirche hat diese Darstellungen nicht verhindern können. So gibt es die Schreinmadonnen bis heute.

Es hat also einen Marienglauben gegeben, der Maria alle Macht gibt. In dieser Form des Marienglaubens ist die volle Würde der alten Göttinnen auf Maria übergegangen.

Maria als Schutz Spendende

Maria ist durch alle Zeiten von der Volksfrömmigkeit wie von der Amtskirche hoch geschätzt und verehrt worden.

Die Volksfrömmigkeit hat viele Facetten der alten Göttinnen auf Maria übertragen; ja Maria wird, wie oben erwähnt, in der Darstellung als Schreinmadonna als oberste Göttin gesehen.

Die wichtigste Bedeutung Marias aber für die Menschen scheint mir darin zu liegen, dass Maria den Menschen Schutz bietet – unter ihrem Mantel können die Menschen Zuflucht finden.

Es wird heute durchaus kontrovers diskutiert, ob Maria so, wie sie einerseits von der Kirche verstanden und andererseits vom Volk verehrt wurde, wirklich hilfreich war für die Frauen in ihrer religiösen Wertung und in ihrer gesellschaftlichen Stellung.

Frauen waren und sind bis heute in vielen Ländern unterdrückt. Gerade in den Ländern mit großer Marienverehrung ist die soziale Rolle der Frau oftmals äußerst schwierig. In der katholischen Kirche können die Frauen auch heute noch nicht Priesterin werden, trotz der Marienverehrung.

Und doch finden die Frauen in all diesen Ländern Trost bei Maria und Freude am Leben.

In Lateinamerika beruft sich auch die Befreiungstheologie auf Maria.[119] Aber es gibt auch Gegenstimmen, etwa die Argentinierin Marcella Althaus-Reid[120], die sagt, dass die Mariologie sich selbst auflösen müsse, damit von einer Mariologie der Befreiung gesprochen werden kann. Für Althaus-Reid verhindert die traditionelle Mariologie gerade die Befreiung der Frauen.

---

[119] Z.B. Leonardo Boff, Das mütterliche Antlitz Gottes. Ein interdisziplinärer Versuch über das Weibliche und seine religiöse Bedeutung, Düsseldorf 1985.

[120] Marcella Maria Althaus-Reid, Die Last der Reinheit. Die Auslandsschulden der Mariologie zahlen, in: Schlangenbrut, zeitschrift für feministisch und religiös interessierte frauen, 21. Jahrgang, Februar 2003, S. 8ff.

Ich denke, diese Frage wird – allgemein gestellt – kontrovers bleiben, sie kann nur konkret beantwortet werden. Ich möchte das an der Situation der Frauen im Zisterzienserorden noch einmal verdeutlichen.

Im 11. und 12. Jahrhundert werden viele Frauenklöster gegründet, die sich dem Zisterzienserorden zurechnen. Die Frauenklöster werden sehr selten in den Orden inkorporiert. Sie bleiben auf sich gestellt, ihnen fehlt der Schutz und die wirtschaftliche Unterstützung des Ordens.

Maria ist die Schutzheilige des Zisterzienserordens. Ein Abt aus Citeaux hat Maria 1491 als Schutzmantelmadonna dargestellt. Unter dem Mantel Marias finden Nonnen und Mönche in gleicher Weise und in gleicher Zahl Schutz:[121]

Schutzmantelmadonna von Johannes von Citeaux Dijon, 1491[122]

---

[121] Norbert Mussbacher, Die Marienverehrung der Cistercienser, 2. Aufl., Köln 1977, S. 179.
[122] Ebd.

Dieses Bild entspricht nicht der sozialen Wirklichkeit der Frauen, auch nicht der Nonnen im Zisterzienserorden. Ich denke aber, es gibt die spirituelle Wirklichkeit der Frauen wieder, auch wenn das Bild von einem Mann geschaffen wurde. Die Frauen fühlen sich bei Maria nicht nur beschützt, sondern gleichwertig und gleichberechtigt neben den Mönchen. Das hat den Frauen sicher viel bedeutet. Natürlich ist die soziale Gleichberechtigung notwendig und bleibt erstrebenswert.

Die heilige Anna mit dem Korb voller Äpfel

Legende

Anna war mit Joachim verheiratet. Beide waren sehr fromme Leute und führten ein Gott wohlgefälliges Leben.
Ein Drittel ihrer Habe gaben sie für den Tempel, ein Drittel für Pilger und Arme, und nur ein Drittel verbrauchten sie für sich selbst.
Nun waren die beiden schon zwanzig Jahre verheiratet, aber sie hatten noch kein Kind.
Da ging Joachim zum Tempelweihfest nach Jerusalem, er ging zum Altar und wollte seine Gabe opfern. Ein Priester schalt ihn und wies ihn zurück, weil er als Unfruchtbarer nicht vor dem Altar opfern dürfe.
Joachim schämte sich sehr, er ging nicht nach Haus, sondern zog sich zurück auf seine Felder zu seinen Schafen und zu seinen Hirten.
Nach einiger Zeit erschien ihm der Engel des Herrn, und Joachim erschrak sehr.
Der Engel sprach zu ihm: „Fürchte dich nicht, ich bin zu dir gekommen, um dir zu sagen, dass du zu Unrecht erniedrigt worden bist. Gott ist ein Rächer der Sünde, aber nicht der Natur. Wenn Gott den Schoß einer Frau verschließt, dann nur, um ihn auf noch wunderbarere Weise zu öffnen. Deine Frau Anna wird dir eine Tochter gebären und du sollst sie Maria nennen. Maria wird, wie ihr gelobt habt, von Kindheit an dem Herrn geweiht sein und schon im Mutterleib wird sie der Heilige Geist erfüllen. Und nun geh nach Haus und wenn du in Jerusalem zum Goldenen Tor kommst, wird Dir Anna, deine Frau, begegnen."
Als der Engel so gesprochen hatte, verschwand er.
Anna machte sich große Sorge um Joachim, er war ja vom Tempelweihfest nicht nach Haus gekommen, und Anna wusste nichts von ihm. Da erschien auch Anna der Engel.
Der Engel sprach zu Anna, dass sie bald schwanger werden würde, wie er es Joachim kundgetan hatte. Weiter sagte er zu Anna: „Geh zum Goldenen Tor, da wird dir Joachim entgegenkommen."

So kamen sich Anna und Joachim am Goldenen Tor entgegen und sie waren froh, dass sie sich wieder hatten und freuten sich auf die baldige Schwangerschaft. Anna aber empfing und gebar eine Tochter, die nannten sie Maria. Nach drei Jahren brachten die Eltern Maria in den Tempel. Nachdem Anna und Joachim ihre Opfer dargebracht hatten, ließen sie Maria im Tempel mit anderen jungen Mädchen und kehrten nach Haus zurück.

Anna und Joachim sind keine historischen Personen. Es sind keine historischen Qellen über sie bekannt und in der Bibel werden sie nicht erwähnt. [123]

Die älteste Qelle der Legende der hei ligen Anna ist das Protevangelium des Jakobus, das um 150 n. Ch. entstanden ist.

Die Legende der heiligen Anna ist frauenfreundlich erzählt. Das Protevangelium des Jakobus hat Interesse an den Vorfahren Jesu und zwar an der mütterlichen Linie. Die Eltern Josefs dagegen spielen keine Rolle.

Die Kinderlosigkeit, die ein häufiges Thema in der Bibel ist – Sara, Rebecca und Hanna waren lange kinderlos –, wird in ihr immer den Frauen zur Last gelegt. In der Annalegende dagegen ist es Joachim, der wegen der Kinderlosigkeit des Ehepaares Schwierigkeiten bekommt.

Im Protevangelium verheißt der Engel Joachim und Anna ein Kind. Dieses Kind ist dann das Mädchen Maria. Jakobus de Voragine lässt den Engel dies gleich verdeutlichen. Anna und Joachim wird die Geburt einer Tochter verheißen, das die Eltern Maria nennen sollen.

Dass die Geburt einer Tochter von einem Engel verheißen wird, ist angesichts des Frauenverständnisses in der Zeit um 150 n. Ch. ebenso wie im Mittelalter sehr erstaunlich.

Der Name Anna

Die Legende hat der Großmutter Jesu, der Mutter Marias, den Namen Anna gegeben. In dem Namen steckt die Ursilbe *an*, die nach Richard Fester zu einer der 6 Ursilben der Sprache der Menschheit gehört.[124]

Die Ursilbe *an* macht weltweit familiale Zusammenhänge deutlich. Der Begriff für Großmutter enthält in vielen Sprachen diese Silbe.

deutsch	Ahne	Altmutter
norwegisch	Ana	älteste Frau der Sippe
keltisch	Anu	Göttermutter
tibetisch	Ane	Ehefrau
japanisch	Ane	ältere Schwester[125]

---

[123] Anders als die Bibel erzählt der Koran die Geburt der Maria, erzählt von der Mutter Marias ohne Name)und dem Vater Imram (Sure 3, 35-41)

[124] Richard Fester, Das Protokoll der Sprache, in: Richard Fester u.a., Weib und Macht, FrankfurtM. 1991, S. 80ff.

Auch in religiösen Zusammenhängen ist die Silbe *an* oft zu finden. Viele alte Muttergottheiten tragen die Silbe an in ihrem Namen:
Inanna ist die sumerische Muttergottheit.
Anat(h) ist die phönizisch-kanaanäische Fruchtbarkeitsgöttin.
Anna Perenna ist die römische Erdmutter.
Ananke ist die griechische Schicksalsgöttin.
Im Keltischen bedeutet ana Erdmutter und alte Frau.
Ana (Dana) ist die keltisch-irische Göttermutter.
Ambeth ist eine der drei Bethen, die Erdmutter.
Mit dem Namen Anna rückt die Mutter Marias, die heilige Anna, in die Nähe vieler Muttergottheiten.

Die heilige Anna trägt auf Abbildungen oft einen grünen Mantel, darunter ein rotes Kleid.[126] Rot und grün sind die Farben der Erdmutter. Mit der Verwendung dieser Farben nehmen die Künstler – bewusst oder intuitiv – die vorchristliche Tradition auf und rücken damit diese christliche Heilige in die Nähe der alten Erdmutter.

Es ist dann kaum als zufällig zu bezeichnen, dass die heilige Anna von den Bergleuten auch als Mutter des Silbers hoch verehrt wird.[127]

Anna als Mutter und Großmutter (große Mutter) ist der Volksfrömmigkeit wichtig, als solche hat sie viele Züge von vorchristlichen Muttergottheiten übernommen.[128]

Anna selbdritt

Die Annenverehrung am Ende des 15. Jahrhunderts hat in der Kunst eine besondere Form bevorzugt: die Anna selbdritt.

---

[125] Richard Fester, Protokolle der Steinzeit. Kindheit der Sprache, Berlin 1974, S. 165.
[126] Lore Kufner, 1992, S. 75.
[127] Der Abt Trithemius, der die heilige Anna besonders verehrt, schreibt:
Dein edle Frucht ist unser Heil,
Gott hat dich hoch gesegnet,
um tausend Welten ist sie nit fail,
Wanns ewig Silber regnet.
Jutta Ströter-Bender, 1990, S. 166.
[128] Getaufte Götter nennt Lore Kufner (1992, S. 75) die Heiligen. Mich interessiert nicht in erster Linie, ob hier in verchristlichter Form die Göttinnen überlebt haben. Das wäre ein weiterführendes Problem. Sicher sind viele Motive der Göttinnentraditionen auf heilige Frauen übergegangen. Mein Interesse liegt beim Frauenverständnis. Das Frauenverständnis dieser alten Göttinnentraditionen ist ganz und gar positiv. Und dieses positive Frauenverständnis ist ungebrochen in die Heiligenlegenden hineingegangen und hat so in der Kirche weiter gelebt. Das positive Frauenverständnis der heiligen Frauen ist parallel zum negativen Evaverständnis in der Kirche heimisch geworden.

Fast jeder Künstler der Zeit[129] hat Anna als Anna selbdritt dargestellt: Anna mit der Tochter Maria und dem Enkelsohn Jesus.

Anna wurde schon in früheren Zeiten als Anna selbdritt portraitiert, aber in der Zeit der großen Annenverehrung wird die Anna selbdritt die dominierende Komposition.

Zwei Generationen von Frauen sind dargestellt, sowie ein Enkelsohn bzw. Sohn. Der Vater und der Großvater fehlen in der Komposition völlig.

Die verschiedenen Darstellungen der Anna selbdritt geben Einsicht in das damalige Verständnis der heiligen Anna, und Wurzeln der Annenverehrung werden erkennbar.

Die Darstellung der Anna selbdritt hat Vorbilder bei den Griechen, bei Demeter und Kore.

Leonardo da Vinci malt ein Bild von der Anna selbdritt, das in der Gestaltung der Dreiergruppe eine griechische Darstellung von Demeter und Kore und Pluto ₽ (. Abb. S. 121) aufnimmt:

Leonardo da Vinci,
Die Jungfrau und Kind
mit der heiligen Anna
und Johannes dem
Täufer, um 1500,[130]
National Gallery, London

---

[129] Angelika Dörfler-Dierken, Die Verehrung der heiligen Anna in Spätmittelalter und früher Neuzeit, Göttingen 1992, S. 16.
[130] Siehe auch Carola Meier-Seethaler, Von der göttlichen Löwin zum Wahrzeichen männlicher Macht, Ursprung und Wandel großer Symbole, Zürich 1993, S. 163.

Kleine Elfenbeingruppe aus der Akropolis von Mykene. Demeter – Kore – Pluto ? Höhe 7,8 cm, 14. vorchristliches Jahrhundert,[131] Nationalmuseum, Athen

Die Darstellung Leonardos ist fast eine Kopie der griechischen Komposition.[132] Leonardo hat Nachfolger gefunden. Lukas Cranach der Ältere malt Anna selbdritt in der gleichen Haltung. Von Cranach beeinflusst ist wiederum ein Meister aus dem Kloster Lüne bei Lüneburg.

Offenbar war die Darstellung von Leonardo überzeugend.

Mit seiner Gestaltung der Anna selbdritt übernimmt Leonardo auch Elemente aus der Göttinnentradition. Da das Frauenbild von Demeter und Kore sich in der Wertschätzung der Frau von dem Evaverständnis der Kirche unterscheidet, transportiert Leonardo mit der Haltung der Anna selbdritt, die er der Skulptur von Demeter und Kore nachempfindet, auch die Erhabenheit und Integrität der Frau.

---

[131] Ebd., S. 162.
[132] Carola Meier-Seethaler, 1993, S. 162ff.

Die Heilige Anna mit einem Korb voller Äpfel

Viele Künstler geben Anna einen Apfel in die Hand. Auf dem Bild Anna und ihre Familie von Meister C.W. von 1516 reicht Anna Jesus einen Apfel:

Ausschnitt aus Anna Selbdritt mit Johannes und Joachim, Meister CW, 1516, Nürtinger Altar, Staatsgalerie Stuttgart[133]

Auf manchen Bildern spielen auch zwei Äpfel (oder Birnen) eine Rolle. So auf einem Bild im Chorgestühl im Dom zu Bardowick bei Lüneburg.

Auf mehreren Bildern der Anna selbdritt hat Anna dann sogar einen ganzen Korb voller Äpfel in der Hand oder im Schoß.

In Lüneburg gibt es das Motiv des Apfelkorbs zweimal, einmal auf einem Bild von Hinrik Levenstede in der St. Johanniskirche (s. Abb. 123), zum anderen auf einem Bild, das bei Ausgrabungen (zwischen 1991 und 1994) gefunden wurde und eine kopflose Anna selbdritt aus dem 1. Drittel des 16. Jahrhunderts darstellt.[134]

---

[133] Siehe Beda Kleinschmid, Die Heilige Anna. Ihre Verehrung in Geschichte, Kunst und Volkstum, Düsseldorf 1930, Tafel 14.
[134] Vgl. Denkmalpflege in Lüneburg, Lüneburg 2002, S. 14 ff.

Hinrik Levenstede, Anna
selbdritt, St. Johanniskirche,
Lüneburg, 1510[135]

Korb mit Äpfeln, Ausschnitt

Auf Darstellungen der Anna selbdritt in Schlesien taucht der Apfelkorb ebenfalls mehrere Male auf.[136] Der Apfelkorb in Annas Hand ist also kein Einzelfall, sondern ein verbreitetes Motiv.

Der Apfel spielte bei der Frage nach dem Frauenverständnis der Kirche im Mittelalter als Apfel der Eva eine wichtige Rolle. Evas Apfel ist der Apfel der Verführung, der Sünde, er ist der Apfel des Todes. Auf dem Bild von Zittau gibt Eva den Apfel als Totenkopf weiter (s. Abb. S. 33).

Als Apfel des Lebens erscheint bei Zittau der Apfel in Marias Hand. Mit einer Hand pflückt Maria aus dem Baum den am Kreuz hängenden Christus, mit der anderen Hand reicht sie den umstehenden Menschen einen Apfel. Der Apfel

---

[135] Foto: Karsten Schmaltz, Lüneburg.
[136] Peter Paul Maniurka, Mater Matris Domini. Die heilige Anna Selbdritt in der gotischen Skulptur Schlesiens, Altenberge 2001.

der Maria ist gleichsam der wiederhergestellte Apfel des Lebens, den Eva verdorben hat.

In der Theologie und in der bildenden Kunst des Mittelalters wird der Apfel sowohl als Apfel des Lebens als auch als Apfel des Todes verstanden.

Guldan[137] spricht von einer verwirrenden Ambivalenz im Apfelsymbol. Guldan sieht diese Ambivalenz darin begründet, dass es ein urkirchliches Denken gibt, dass in der Neuschöpfung der Welt durch Christus die alte Welt spiegelbildlich wiederkehren sieht.

Hier hat für Guldan die Doppeldeutigkeit des Apfels ihren Sinn. Mit dem Apfel können alte Welt und neue Welt beschrieben werden. Wie durch den Apfel das Verderben kam, so kam durch ihn auch das Heil.

Ich gehe im folgenden der Frage nach, wie die Doppeldeutigkeit des Apfelsymbols zu verstehen ist. Vor allem aber ist es für mich wichtig zu klären, wie der Apfel in der Hand der heiligen Anna in den Darstellungen der Anna selbdritt zu verstehen ist.

Das Apfelsymbol im außerbiblischen Zusammenhang

Das Apfelsymbol ist auch außerhalb des Judentums und des Christentums beheimatet.

Der griechische Mythos kennt die Äpfel der Göttin Gaia.[138] Goldene Äpfel wachsen am Baum des Lebens, den Gaia bei der Hochzeit von Zeus und Hera sprießen lässt. Hera lässt diesen Baum in ihr westliches Paradies am Atlas pflanzen. Hera ernährt die Götter mit den Äpfeln vom Lebensbaum.

Gaia und Hera, zwei Göttinnen, sind die Herrinnen des Gartens mit dem Lebensbaum. Die Äpfel sind in ihrem Besitz, und sie verschenken die Äpfel.

Es gibt auch Versionen dieses Mythos, die das Motiv des Bewachens erzählen.[139] Die Hesperiden – Töchter des Atlas – bewachen die goldenen Äpfel. In einer späteren Fassung dann bewacht Ladon, die Schlange, die Äpfel.

Ebenso gibt es das Motiv des Raubes in der griechischen Mythologie. Herkules bekommt die Aufgabe gestellt, die goldenen Äpfel, die von den Hesperiden bewacht werden, zu rauben. Herkules überlistet Atlas, und es gelingt ihm, die goldenen Äpfel zu stehlen.

Die Schlange Ladon bewacht den Garten. Die Schlange steht somit im Dienst der Göttin und ist nicht ihre Verführerin wie in der biblischen Paradiesesgeschichte. Und die Äpfel werden der Göttin von einem Mann geraubt.[140]

---

[137] Ernst Guldan, Maria und Eva. Eine Antithese als Bildmotiv, Graz/Köln 1966, S. 108ff, bes. S. 110f.
[138] Robert Ranke-Graves, Griechische Mythologie. Quellen und Deutung, Reinbeck bei Hamburg 1994, S. 41f.
[139] Ebd., S. 468ff.

Auch im Märchen von Frau Holle spielen die Äpfel und der Garten eine wichtige Rolle. Frau Holle ist nicht nur die alte Märchenfrau, sondern hinter der Märchenfrau scheint die alte germanische Göttin Holla durch.[141]

Frau Holle hat einen Garten; sie ist dessen Herrin. Auf dem Weg durch den Brunnen kommt Goldmarie in diesen Garten, in dem ein Apfelbaum steht.

Goldmarie kommt zum Apfelbaum, die Äpfel sind reif, es ist Herbst. Und die Äpfel rufen: Ach schüttel mich, wir Äpfel sind alle miteinander reif. Goldmarie schüttelt die Äpfel und legt sie auf einen Haufen.

Die Dinge rufen, was an der Zeit ist, und Goldmarie hört auf die Stimme der Dinge. Sie erkennt so, was an der Zeit ist und handelt danach.[142]

Es gibt keine Eingrenzungen in diesem Garten, es gibt keine Verbote, keine Strafandrohungen. Es gibt die Sprache der Dinge und wer auf sie hört, ist im Einklang mit den Dingen und so für das ganze Leben im Glück, wie Goldmarie.

Im Garten der Frau Holle ist es nicht verboten, die Äpfel zu pflücken. Im Gegenteil: die Sprache der Dinge gebietet, die Äpfel zu pflücken, denn sie sind reif.

Wer nicht auf die Stimme der Dinge hört, wer sie überhört, sich über die Dinge stellt, ist sein Leben lang im Pech, so wie im Märchen die Pechmarie.

Bei Frau Holle gibt es die Äpfel als Haufen. Und noch einmal stoßen wir auf mehrere Äpfel, nun auf Körbe voller Äpfel. Es sind die Äpfel der Matronen. Die Matronen waren lokale Gottheiten, die vorwiegend im Rheinland verehrt wurden. Sie waren Beschützerinnen der Familie, ihrer Häuser und Felder.[143]

Es sind immer drei Matronen. Sie gehören in die Gruppe der Dreifrauengottheiten wie die griechischen Moiren, die Parzen, die germanischen Nornen und die drei Bethen. Es gibt zahlreiche Darstellungen der Matronen, besonders im linksrheinischen Gebiet. Die älteste Inschrift stammt aus dem Jahr 40 n. Ch., die jüngste aus der Zeit von 238–244. Für die plastischen Darstellungen sind

---

[140] Äpfel kommen auch in der keltischen Mythologie vor: Das keltische Paradies ist das Avalon, das Apfelreich. Die Gegend um das heutige Glastonbury in Südengland heißt noch heute Isle of Avalon. Das Avalon wird von neun Schwestern beherrscht, deren Herrin Morgan the Fay ist. Wie im griechischen Mythos ist die Göttin Herrin des Apfellandes, sie ist Besitzerin der Äpfel. Sie verteilt die Äpfel. Nicholas R. Mann, Glastonbury Tor, A Guide To The History And Legends, Glastonbury 1993, S. 48f; Barbara Walker, 1993, Artikel Avalon und Morgan the Fay, S. 82 und 74.

[141] Sonja Rüttner-Cova, 1986; Ingrid Riedel, Frau Holle, Goldmarie und Pechmarie, Weisheit im Märchen, Zürich 1995. Die germanische Göttin hat verschiedene Namen: Freyja, Berchta oder Holla. Holland gehört zu ihr, wie der Holunder, der in jeder Gartenecke stehen soll. Verehrt wurde Holla besonders in Hessen und Thüringen bis ins 17. Jahrhundert.

[142] Ingrid Riedel, 1995, S. 20ff.

[143] Wolfgang Heiligendorff, Der keltische Matronenkult und seine Fortentwicklung im deutschen Mythos, Leipzig 1934; Hans Christoph Schöll, Die Drei Ewigen. Eine Untersuchung über den germanischen Bauernglauben, Jena 1936; Matthias Zender, Die Matronen und ihre Nachfolgerinnen im Rheinland, in: Gestalt und Wandel, Bonn 1977.

folgendes typisch: lang herabwallende Gewänder, die ein Gürtel zusammenhält, große, runde Hauben, ein Füllhorn oder ein Korb mit Äpfeln. Diese Äpfel (oder Früchte) sind ein durchgängig es Attribut der Matronen.

Eine von drei Matronen,
Weihestein, 2. Jahrhundert,
Landesmuseum Bonn[144]

Apfelkörbe, wie bei den Matronen, finden wir nun in etlichen Darstellungen der Anna selbdritt. Mir scheint deutlich zu sein, dass die Künstler der Anna selbdritt mit dem Apfel im Apfelkorb nicht den Apfel der Verführung meinen, auch nicht den Apfel der Maria, der auf dem Hintergrund des Apfels des Todes ein Apfel des Lebens ist, sondern dass sie vielmehr den Apfel der außerchristlichen Traditionen aufnehmen, speziell den Apfel aus dem Apfelkorb der Matronen. Sie nehmen damit die Symbolkraft jener alten Skulpturen als Mittel, um Anna als eine starke und souveräne Frau erscheinen zu lassen.

Die heilige Anna ist die Besitzerin der Äpfel, wie die vielen Göttinnen der außerchristlichen Mythologie. Die Äpfel sind nicht geraubte Äpfel, nichts erinnert an den Sündenfall. Die Künstler verstärken durch die Äpfel des Lebens, die

---

[144] Siehe Erni Kutter, 1997, S. 20.

sie der heiligen Anna geben, die Tendenz der Frauenfreundlichkeit, die schon in der Erzählung der Legende liegt.

Die Frage stellt sich, ob die Künstler diese außerchristlichen, heidnischen Apfeltraditionen kannten? Hinrik Levens tede, der Künstler der heiligen Anna selbdritt aus der St. Johanniskirche, hat viele Bilder heiliger Frauen gemalt.

Man kann vermuten, dass Levenstede eine starke Mutter hatte.[145] Sein Vater starb im Jahr 1460. Seiner Mutter gelang es, als Witwe die Malerwerkstatt für den noch unmündigen Sohn weiter zu führen. Das war zu damaliger Zeit nicht selbstverständlich und lässt auf eine starke Frau schließen.

Da Hinrik Levenstede auch im Frauenkloster Lüne gemalt hat, ist davon auszugehen, dass er Frauentraditionen kannte. Auch Künstler, die persönlich keine besonderen Vorbilder von starken Frauen hatten, werden die alten Mythen gekannt haben. Die Göttin Holla wird auch noch im 16./17. Jahrhundert in Deutschland verehrt.[146] Das Wissen hält sich über Jahrtausende (. Anna selbdritt und Demeter) ohne dass im einzelnen nachgewiesen werden könnte und müsste, wie dieses Wissen vermittelt ist. Das Wissen ist im kollektiven Gedächtnis der Menschen aufgehoben.

Es ist auffallend, wie wichtig der Apfel als Symbol ist. Mit dem Apfel wurde im Mittelalter ganz kurz die Heilsgeschichte beschrieben: Was Eva mit dem Apfel verdorben hat, hat Maria mit dem Apfel wieder gerettet.

Was aber macht den Apfel zu einem so wichtigen Symbol?

Das Geheimnis liegt im Apfel selber. Schneidet man einen Apfel qer auf, so sieht man in dem aufgeschnittenen Kerngehäuse einen Fünfstern, ein Pentagramm.

Am Pentagramm ist einerseits die ununterbrochene Linie wichtig, die Schutz vor Geistern gibt. Andererseits haben auch die fünf Zacken Bedeutung. Pythagoräische Mystiker verehren das Pentagramm, weil es fünfmal den ersten Buchstaben des Alphabets ineinander schlingt; seine Bedeutung ist Leben.

---

[145] Vgl. Angela Lorenz-Leber, Kloster Lüne, Königstein im Taunus 1991, S. 31f.
[146] Sonja Rüttner-Cova, 1986, S. 71f.

Heidnische Keltinnen sehen im Pentagramm das Zeichen der Erdgöttin, die sie Morgan nennen. Das Pentagramm ist auch ein Symbol der griechischen Göttin Kore.

Im außerbiblischen Zusammenhang ist der Apfel kein ambivalentes Symbol, sondern er ist in sich ein eindeutig positives Symbol, ein Symbol des Lebens.[147]

In der Hand der Eva wird der Apfel zu einem Symbol des Bösen uminterpretiert. Das hat seinen Grund darin, dass die Paradiesesgeschichte davon ausgeht, Gott habe verboten, vom Baum der Erkenntnis des Guten und Bösen zu essen. Eva nimmt also einen verbotenen Apfel. Diese Tat zieht in der Bibel den Verlust des Paradieses nach sich. Weil Evas Tat als Sünde gedeutet wird und die Folgen ihrer Tat der Menschheit Schlechtes bringen, wird der Apfel, den Eva weitergibt, als ein Symbol des Bösen und des Todes angesehen.[148]

Wenn die Künstler des Mittelalters der heiligen Anna einen Korb voller Äpfel in die Hand geben, meinen sie den Apfel des Lebens. Die Äpfel im Korb der heiligen Anna rufen nicht Evas Apfelraub in Erinnerung, sie sind keine geraubten Äpfel, sie sind Annas Eigentum.

Hier bekommt die Frau ihre Ehre, ihre Würde zurück, denn die Deutung des Apfels stammt aus einem religiösen Umfeld, in dem die Frau nicht als Übertreterin, Sünderin, Verführerin verstanden, sondern als Herrin der Äpfel verehrt wird.

Symbole sind flexibel und können verschiedene Inhalte transportieren. Symbole geben dem Künstler die Freiheit, mit Hilfe nur eines Symbols ein anderes Frauenbild, einen anderen religiösen Hintergrund aufleuchten zu lassen.

Die BetrachterInnen zu jeder Zeit haben ebenfalls die Freiheit, entweder das kirchliche negative Frauenbild zu sehen oder aber die Frau als Besitzerin des Apfels zu entdecken und somit als starke, souveräne, moralisch integre Frau.

---

[147] Ebd., S. 850f.
[148] Doch selbst beim Apfel in Evas Hand scheint noch durch, dass auch dieser Apfel einmal ein Apfel des Lebens war. Das wird deutlich an dem Namen, den Adam seiner Frau nach dem Apfelraub gibt. Erst nach dem Apfelraub nennt Adam seine Frau Eva =Mutter aller Lebenden; erst nach dieser Tat verbindet Adam seine Frau mit dem Leben. Das ist nicht logisch, wenn der Apfel ein Apfel des Bösen und des Todes ist.
Auch die Schlange ist in der biblischen Erzählung umgedeutet worden. Bei den Griechen bewacht die Schlange Ladon den Garten der Göttin. Die Schlange steht somit im Dienst der Göttin. Sie ist keine Verführerin und kein Symbol des Bösen. Und der Apfel, den die Schlange bewacht, ist der Apfel des Lebens. Im biblischen Paradies dagegen verführt die Schlange Eva zur Übertretung von Gottes Gebot. Daher wird die Schlange im kirchlichen Verständnis mit dem Bösen identifiziert.

Emerentia, die Urgroßmutter Jesu

Mit Anna ist die weibliche Abstammungslinie von Jesus über die Mutter hinaus auf die Großmutter verlängert.

Heilige Emerentia selbviert, um 1500,
Niedersächsische Landesgalerie, Hannover

Es schließt sich ein weiterer Motivkreis an, der noch eine Generation weiter zurückgeht. Es wird Emerentia, die Mutter Annas, die Großmutter Marias, die Urgroßmutter Jesu hinzugefügt.[149]

Von Emerentia erzählt die Legende, sie sei in Bethlehem geboren, sie habe ein sehr tugendhaftes Leben geführt und sie habe Gott Jungfräulichkeit gelobt. Als ihre Eltern sie verheiraten wollen, kommt sie in große Gewissensnot. In ihrer Not hat ihr Gott geholfen, indem er Emerentia in einer Vision und in einer Audition seinen Willen kundgetan hat: Gott sagt ihr, sie solle heiraten, weil aus ihr die Mutter Gottes geboren werden soll. Daraufhin heiratet Emerentia den frommen Stollanus.

Die Verlängerung der weiblichen Abstammungslinie entwirft nicht nur einen Stammbaum Jesu. Da es bei Jesus immer um die Heilsgeschichte geht, beinhaltet der Stammbaum den Beginn der Heilsgeschichte.[150]

---

[149] Vgl. Angelika Dörfler-Dierken, 1992, S. 149ff.
[150] Unbestritten und allgemein ist der Glaube, dass Jesus Christus der Mittelpunkt der Heilsgeschichte ist. Dieses Verständnis drückt sich auch in vielen Altären z.B. der Spätgotik aus. Viele

Die Legende der Emerentia verlängert die Heilsgeschichte noch einmal nach vorn, sie lässt sie schon bei der Urgroßmutter Jesu beginnen, dadurch wird das Gewicht der Frauen in der Heilsgeschichte noch einmal verstärkt.

Die heilige Sippe

Zur Legende der Eltern Marias, Anna und Joachim, ist noch ein weiteres Erzählmotiv hinzugefügt worden.[151] Von Anna wird erzählt, dass sie nach dem Tod Joachims noch zweimal heiratete. Mit jedem Ehemann bekommt sie noch je eine Tochter, und beide weiteren Töchter heißen wiederum Maria. Die heilige Anna war also dreimal verheiratet und sie hat drei Töchter mit dem Namen Maria.

Jakobus de Voragine hat die Legende der dreimaligen Heirat der Anna in seine Legendensammlung aufgenommen. Er hat sie einfach vor die Legende der Eltern der Maria und der Geburt der Maria gestellt, ohne eine Verbindung zwischen den beiden Erzählungen herzustellen.

Jakobus überliefert auch einen Merkvers zu den drei Ehen der heiligen Anna:[152]

Anna war ein selig Weib
drei Marien gebar ihr Leib
drei Männer hatte sie zur Eh',
Joachim, Cleophas und Salome.

---

dieser Altäre sind reine Passionsaltäre (z.B. der Hauptaltar der Marktkirche in Hannover) Christi Tod und Auferstehung sind das Zentrum der Heilsgeschichte. Auf vielen Schnitzaltären dieser Zeit aber sind frühere Geschichten vorangestellt: Die Verkündigung des Engels an Maria, der Besuch der Maria bei Elisabeth, die Geburt, die Anbetung der Weisen, die Flucht nach Ägypten. Im protestantischen Raum nennen wir diese Geschichten Kindheitsgeschichten Jesu. Bei dieser Interpretation bleibt Jesus alleiniger Inhalt der Heilsgeschichte.
Die Kindheitsgeschichten sind aber in Wirklichkeit Mariengeschichten, weil Maria im Zentrum steht. Das heißt, die Geschichte Marias gehört nach der Auffassung der spätgotischen Schnitzaltäre mit in die Heilsgeschichte. Die Verlängerung der Heilsgeschichte nach vorn setzt sich fort. Die Legende fügt Anna und Joachim hinzu.
Das wird auch in der Kunst nachvollzogen. In der Nicolaikirche in Lüneburg gibt es zwei Altäre, einer steht im Chorraum und ist von Hans Snitker d. Ä. (1440/50) geschaffen. In dem oberen Feld gibt es innerhalb der Kindheitsgeschichten auch einen Gang Jesu in den Tempel. Maria und Josef begleiten Jesus. Der zweite Altar steht im Chorumgang. Er stammt aus der Heiligentaler Kirche und ist 10 bis 15 Jahre älter. Der Altar der Heiligentaler Kirche beginnt mit dem Gang Marias in den Tempel, Anna und Joachim begleiten Maria.
Die Bilder, Jesu Gang in den Tempel und Marias Gang in den Tempel, sind ganz ähnlich gestaltet, im Aufbau fast identisch. Die gleiche Würde wird Maria wie Jesus zugesprochen.
Die Heilsgeschichte beginnt im Heiligentaler Altar schon mit Anna. Über die weibliche Linie wird die Heilsgeschichte nach vorn verlängert.

[151] Angelika Dörfler-Dierken, 1992, S. 125ff.
[152] Vgl. zum Ganzen ebd., S. 133ff.

Josef ward Maria gegeben,
die gebar Jesum, unser geistlich Leben,
Alpäus die andere Maria nahm,
die gebar Jakob, Josef, Simon, Judam.
Die dritte Maria ward nicht verlassen,
sie gebar Johannem (den Evangelisten)
und Jakob den Großen (maior).

In den letzten beiden Jahrzehnten des 15. Jahrhunderts nimmt die Annenverehrung in Deutschland in sehr starkem Maße zu. In den Jahren 1487 bis 1491 erscheinen gleich drei Annenviten. Sie verknüpfen die drei Erzählkreise um Anna: die Geburt der Maria, Emerentia und die heilige Sippe.[153] Sie erzählen das Leben der heiligen Anna in seiner ganzen bunten Fülle. Anna als große Patriarchin einer großen Sippe wird lebendig. Diese Annenviten sind nach der Sammlung der Legenden durch Jakobus de Voragine noch einmal ein ganz neuer Impuls in der Entwicklung der Legendenerzählung der heiligen Anna.

Zur gleichen Zeit schließt sich in vielen Städten in Deutschland eine große Zahl von Menschen zu Annenbruderschaften zusammen.[154] Die neue Verehrung der Großmutter Jesu findet mit diesen Zusammenschlüssen auch eine neue Form der Verehrung.

1481 wird eine Annenbruderschaft in Frankfurt am Main gegründet. Die Zahl der Mitglieder wächst in kürzester Zeit auf 4000 Personen. Die Bruderschaft ist so reich, dass sie 1494 eine Annenreliqie aus Lyon erwerben kann.

Die wohl berühmteste Annenbruderschaft entsteht in Worms. Ihr gehören der Kaiser und die meisten Mitglieder des Reichstages an.

Die Annenbruderschaften pflegen ein bruderschaftliches Leben und gestalten ihre Verehrung der heiligen Anna. Dazu benötigen sie Geld. Das Geld muss von den Mitgliedern aufgebracht werden, das heißt, die Mitglieder entstammen der Mittel- und Oberschicht der Städte. Es sind nicht die einfachen Leute, die sich in diesen Bruderschaften versammeln. Frauen werden über ihre Ehemänner zum Mitglied.

Die Annenbruderschaften feiern – so weit es ihnen möglich ist – jeden Dienstag eine Messe zu Ehren der heiligen Anna. Weiterhin bürgert sich ein, am 26. Juli den Annentag mit Prozessionen zu begehen.

Die hohe Anziehungskraft der heiligen Anna besteht darin, dass die Menschen glauben, sich mit allen Bitten an sie wenden zu können und dass alle Bitten bei ihr Gehör finden. Den einfachen und armen Leuten, die sicherlich am meisten Grund gehabt hätten, sich der heiligen Anna anzuvertrauen, aber blieben die Annenbruderschaften wegen der Mitgliedsbeiträge verschlossen.

---

[153] Ebd., S. 146ff.
[154] Vgl. dazu ebd., S. 75ff.

Den Glauben an Annas Hilfe und Wirksamkeit drücken auch viele Gedichte und Lieder aus:
Wer Anna liebt, wird erfolgreiche Zeiten erleben,
und bald wird ihm ein fruchtbares Geschick zuteil.
Wenn du sie in bösen und in guten Zeiten
mit Bitten heftig bedrängst, bringt sie dir bald Hilfe,
heißt es in einem Gedicht von Sebastian Brant 1498.[155]

Besonders die Humanisten schreiben der heiligen Anna große Macht zu.

Erasmus von Rotterdam (1469–1536) verfasst ein Gedicht, das zeigt, dass nach seinem Verständnis selbst Gott sich für die Wünsche der Anna offen hält:[156]

O drei-, viermal und öfter
selige Mutter. Denn du vermagst es:
unterstütze die Bitten der Sterblichen,
die sich deiner Verehrung widmen.
Denn mit dir als Patronin, hoffen wir alles
zu erlangen, wenn nur
du wollen wirst, dann wird auch die Tochter wollen
und das Knäblein wird sich nicht dazu verstehen,
dieser, wenn sie bittet, irgendetwas zu verweigern.
Der Sohn liebt die Mutter
und nichts verweigert dem Sohn der Vater,
weil er auch selbst den Sohn liebt. Amen.

Die große Macht, die Anna hat, wird mit ihrer Rolle als Großmutter Jesu begründet. Nach Gottes Gebot hat Jesus seine Großmutter auf Erden geehrt, und das göttliche Gebot der Achtung der Eltern gilt nach Meinung der Humanisten auch im Himmel weiter. Das bewirkt, dass Jesus seiner Großmutter im Himmel keine Wünsche und Fürbitten abschlägt. Selbst Gott wird durch die Liebe zu seinem Sohn in diese Macht der heiligen Anna eingebunden.

Auch Martin Luther hat sich in seiner Angst bei dem starken Gewitter 1505 an die heilige Anna um Hilfe gewandt. Er hat ihr gelobt, Mönch zu werden, und er hat sein Gelübde gehalten.

Eine weitere, noch tiefere Bedeutung bekommt die Annenverehrung für die Menschen im ausgehenden 15. Jahrhundert. Ein Gott wohlgefälliges Leben wird nicht mehr nur in Askese, Jungfräulichkeit und im Klosterleben gesehen, sondern das ganz alltägliche, bürgerliche Leben wird als ein Gott wohlgefälliges Leben entdeckt.[157]

---

[155] Ebd., S. 177.
[156] Ebd., S. 201.
[157] Ebd., S. 204ff.

Rechte Nachfolge Jesu wird als Nachahmung des Lebens der heiligen Anna, des Joachim, der Maria und des Lebens Jesu verstanden. Frömmigkeit wird darin gesehen, seine Aufgaben in der Familie wahrzunehmen. Die Liebe zum Gatten, Gehorsam gegen die Eltern, rechte Kindererziehung, Sorge um die Verwandtschaft sind die sittlichen Ideale, die in der Annenverehrung gelten. Diese sittlichen Ideale sind gleichzeitig die Heiligkeitsideale. Damit kann der Lebenswandel von Laien dem Heiligkeitsideal gerecht werden.

Annenaltar,
Heilige Sippe,
St. Johanniskirche,
Werben/Elbe[158]

Die Frauen haben in der heiligen Familie eine starke Stellung. Der Meister der Heiligen Sippe in Werben gruppiert die Frauen mit ihren Kindern im Vordergrund. Fast etwas versteckt im Hintergrund stehen die Männer.

Noch wichtiger für das Frauenbild ist, dass die heilige Anna eine verheiratete Frau und Mutter von drei Töchtern ist.

Besonders die Geburten des zweiten und dritten Mädchens sind bedeutend, denn deren Empfängnis und Geburt sind ohne wunderbare Vorkommnisse

---

[158] Foto: Peter Engel, Adendorf.

Empfängnis und Geburt wie bei jeder Frau. Das ist ein wichtiger Schritt für ein neues Verständnis der Frau.

Die Empfängnis der Maria dagegen war kein normales Geschehen. Unbefleckt musste Maria empfangen werden, damit sie dann – von der Erbsünde befreit – den Heiland zur Welt bringen konnte.

Die Annenlegende hält anders als die Kirche des Mittelalters Empfängnis und Geburt nicht für sündig. Die Erbsünde erscheint insofern nicht als Problem.

Die Legende hat mit den normalen Ehen und den normalen Geburten der heiligen Anna das geschaffen, was die VerehrerInnen sich wünschen: eine verheiratete Frau, die wie jede andere Frau Kinder zur Welt bringt, und die trotzdem verehrungswürdig und heilig ist und es auch bleibt.[159]

Anna, eine verheiratete Frau und Mutter dreier Töchter, als Heilige

Die Legende der heiligen Anna ist noch frauenfreundlicher erzählt als die Legenden der heiligen Katharina oder der heiligen Barbara.

Die Geburt einer Tochter wird Anna und Joachim von einem Engel verkündet. Eine erstaunliche Art der Ankündigung in der Kirche des Mittelalters, deren Theologie doch ein so anderes Frauenbild hervorgebracht hat.

Die Kinderlosigkeit des Ehepaares wird Joachim, dem Vater, zur Last gelegt. Auch die Sicht ist neu, wurde Kinderlosigkeit in der Regel der Frau angelastet.

Motive mehrerer Göttinnen – Frau Holle, der drei Matronen – sind auf die heilige Anna übergegangen.

Schon der Name bringt die heilige Anna in die Nähe zu allen großen Muttergottheiten.

Der Korb mit Äpfeln, den die Künstler der heiligen Anna in den Schoß legen, charakterisiert sie als Besitzerin der Äpfel, als starke integre Frau. Der Apfel des Lebens, der Eva von der Kirche des Mittelalters aus der Hand genommen worden war, wird von Künstlern Anna in den Schoß zurückgelegt.

---

[159] Nicht nur die Legende entfaltet in Anna die Frau, die empfängt und gebiert, auch die bildende Kunst stellt diese Anna dar. Sehr oft ist Anna im Wochenbett gemalt. Dass Anna stillt, wird schon im Protevangelium des Jakobus voller Freude betont und oft dargestellt. Die Legende erzählt von der Liebe von Anna und Joachim und der zärtlichen Begegnung unter der Goldenen Pforte. Diese Szene unter der goldenen Pforte hat viele Künstler inspiriert; sie haben den Gefühlen der beiden breiten Raum gegeben. Alles von der Liebe der Eheleute, von der Empfängnis zur Geburt, zum Wochenbett, zum Stillen ist den Menschen der heiligen Anna wichtig. Hier haben sie endlich eine Frau, die den normalen Frauen ähnlich ist, ja sogar ganz gleich ist bei der zweiten und dritten Geburt. Zur Frau, die empfängt und gebiert, gehört die Frau, die ihr Kind erzieht. Viele Bilder zeigen Anna mit der jungen Maria. Anna erzieht ihre Tochter. Sie unterweist sie z. B. im Lesen. Das Mittelalter hat die Rolle der Frau in der Erziehung ihrer Kinder stark eingeschränkt. Die fromme Legende gibt der Frau den Spielraum zurück.

Das Wichtigste für die Menschen des ausgehenden Mittelalters aber ist das, was Anna als Ehefrau und Mutter auszeichnet. Unter den großen heiligen Frauen der Legende ist sie die einzige Verheiratete, und sie ist keine Märtyrerin. Die Ehe mit Joachim und die Empfängnis der Maria hat noch außergewöhnliche Züge. Überboten aber wird die Ehe mit Joachim und die Geburt der Maria durch das Ausgestalten der kleinen Familie zur heiligen Sippe.

Mit den zwei weiteren, nun ganz normalen Ehen und Geburten der beiden Töchter teilt die heilige Anna das Leben der normalen Frauen, die damit in den Bereich des Heiligen rücken. Nicht mehr das Leben als Jungfrau ist allein das vor Gott wohlgefällige Leben der Frau, sondern das Leben in Ehe und Familie.

Neben der Frau wird in der Annenverehrung das Leben der Familien aufgewertet. Die Liebe der Gatten zueinander, die Ehrfurcht vor den Eltern, die gute Erziehung der Kinder, die Sorge für die Verwandtschaft, ein harmonisches Familienleben also, wird als ein Gott wohlgefälliges Leben entdeckt, als wahre Nachfolge Christi, die Anteil am Heiligkeitsideal gibt.

Das bürgerliche Sittengesetz, das wesentlich auf dem 4. Gebot beruht, gilt auch im Himmel. Durch die Geltung dieses Gesetzes erhält die heilige Anna als Großmutter Jesu große Macht. Wenn sie sich als Fürsprecherin für Menschen einsetzt, wird ihr weder Christus noch Gott eine Bitte abschlagen, da der Enkel seiner Großmuter verpflichtet ist und Gott dem Sohn, den er liebt, keine Bitte abschlägt. So ist die heilige Anna für ihre VerehrerInnen ein überaus starker Beistand.

Die Menschen haben in der Verehrung der heiligen Anna das Frauenbild entfaltet, das ihnen am Herzen liegt. Sie haben die Familie gezeichnet, in der sie gern leben wollen.

Indem die Verehrung der heiligen Frauen in der Kirche heimisch wird, verändert sich auch die Kirche insoweit, dass Frauen und Männer besser in ihr leben können.

Legenden und Märchen

Das Volk (Kirchenvolk) hat Legenden von heiligen Frauen erzählt und darin ein positives Frauenbild entwickelt: In den meisten Legenden ist die Heilige eine junge Frau, die sich ganz Christus geweiht hat und die schließlich ihr Leben im Märtyrertod dahin gibt. Demgegenüber ist die heilige Anna eine verheiratete Frau, die mit der zweiten und dritten Heirat und den Geburten des zweiten und dritten Mädchens das Leben einer normalen bürgerlichen Frau führt und trotzdem eine Heilige ist und es auch bleibt.

Neben den Legenden erzählt das Volk Märchen. Verschiedene Märchenmotive haben eine auffallende Nähe zu den Inhalten einiger Legenden. Die Legende der heiligen Barbara ist verwandt mit dem Märchen Rapunzel. Die Schönheit von Barbara und Rapunzel wird mit ganz ähnlichen Worten beschrieben:

Barbara ist so schön, dass ihr Vater sie sehr liebte, heißt es in der Legende, und das Märchen erzählt, Rapunzel[1] sei das schönste Kind unter der Sonne. Auch das Schicksal von Barbara und Rapunzel weist Übereinstimmungen auf.

Der Vater der Barbara und die Zauberin im Märchen reagieren in gleicher Weise auf die außerordentliche Schönheit der Mädchen. Beide schließen das schöne Mädchen in einen Turm ein, um zu verhindern, dass irgend jemand das Mädchen sieht und begehrt, und beide fühlen sich am Ende betrogen: ein schöner Königssohn findet den Weg in den Turm zu Rapunzel, und Barbara wendet sich dem christlichen Glauben zu, den der Vater entschieden ablehnt.

Beide Mädchen werden hart bestraft und halten ihre Strafen standhaft aus. Sie bleiben ihren Zielen treu: Barbara ihrem Glauben, Rapunzel ihrem Prinzen. Barbara stirbt für ihren Glauben, sie wird von einer himmlischen Stimme mit den Worten empfangen: Komm, meine Schöne ... Rapunzel findet ihren Prinzen, er führt sie in sein Reich, und sie leben lange glücklich und vergnügt.

Beide Mädchen werden als integre Personen geschildert: Barbara, die Märtyrerin wird, und Rapunzel, die eine glückliche Ehefrau wird. Rapunzel ist sozusagen die weltliche Schwester von Barbara oder Barbara ist die christliche Schwester von Rapunzel.

Die Legende der heiligen Katharina hat auffallende Ähnlichkeiten mit dem Märchen König Drosselbart. Von der heiligen Katharina wird in einer Variante erzählt, dass sie sehr stolz war und jeden Freier als nicht ebenbürtig abgewiesen hat.

Das Motiv der Königstochter, die überaus schön ist und arrogant jeden Freier ablehnt, ist auch aus dem Märchen König Drosselbart bekannt, in dem ein König eine überaus schöne Tochter hat, die aber so stolz ist, dass sie keinen Freier gut genug findet.

---

[1] Brüder Grimm, Kinder und Hausmärchen, Stuttgart 1980, S. 44ff.

Im Märchen[2] geht es darum, dass die stolze Tochter den richtigen Bräutigam findet. Der König will seine Tochter verheiraten. Er lädt alle heiratsfähigen Prinzen an seinen Hof. Aber die Tochter weist alle Freier ab und treibt ihren Spott mit ihnen. Unter den Verspotteten ist auch König Drosselbart. Er will die Prinzessin heiraten. Aber erst einmal demütigt er die Prinzessin auf vielfältige Weise, um sie für ihren Hochmut zu bestrafen.

Die Prinzessin erkennt schließlich ihre Fehler und sagt: Ich habe großes Unrecht getan und bin nicht wert, deine Frau zu werden. Nach diesem Schuldbekenntnis steht der Hochzeit nichts mehr im Weg und die rechte Freude kann beginnen.

Katharina findet durch den Eremiten den richtigen Bräutigam – Christus. Die Legende erzählt in der Sprache der Liebe von Katharina und ihrem Bräutigam. Katharina sagt, Christus ist mein Ruhm, meine Liebe, meine Wonne und Freude. Christus begrüßt Katharina mit den Worten: meine Geliebte, meine Braut.

Nonnen verstehen sich bis heute als Braut Christi. So wird für die Nonnen im Kloster Lüne die heilige Katharina eine sehr bedeutsame Heilige gewesen sein. Die Braut aus dem Märchen dagegen war den Nonnen wahrscheinlich nicht so wichtig.

Für die Frauen im Mittelalter, die heiraten wollten oder mussten, war es sicher bereichernd, neben der heiligen Katharina die ihr so verwandte Braut von König Drosselbart zu kennen. Die Königstochter findet schließlich ihren weltlichen Prinzen. Beide feiern eine wunderschöne Hochzeit, Prinz und Prinzessin leben im Diesseits, Gedanken an den Tod sind fern.

In der Heiligenlegende nimmt das Martyrium einen großen Raum ein. Jung stirbt die schöne Katharina, ihr Leben erfüllt sich im Jenseits.

Das Frauenbild des Märchens von König Drosselbart hat erstaunlicherweise auch negative Züge. Die Prinzessin wird als hochmütig geschildert. Sie muss von ihrem Vater und dem späteren Ehemann gedemütigt werden, bis sie zur Ehe fähig ist. Die Prinzessin spricht ein Schuldbekenntnis: Ich habe großes Unrecht getan und bin nicht wert, deine Frau zu werden. Dieses Eingeständnis erinnert stark an die ständigen Selbstanschuldigungen der Eva (s. S. 27ff).

Aber das Märchen hat schließlich ein gutes Ende.

Über das Motiv der Verkündigung der Geburt einer Tochter ist die Legende der heiligen Anna mit dem Märchen Dornröschen verwandt. Im Märchen verheißt der Frosch der lange kinderlosen Königin ein Mädchen, das dann Dornröschen genannt wird; in der Legende verkündet der Engel Anna die Tochter, die Maria genannt werden soll.

In die Legende der Maria sind ebenso Motive eingeflossen, die mit dem Märchen Dornröschen verwandt sind.

---

[2] Ebd., S. 120.

Das Protevangelium erzählt von Jesu Geburt: alles erstarrte, als Jesus geboren wurde. Die Luft erstarrte. Arbeiter, die um eine Schüssel lagerten und ihre Hände in der Schüssel hatten, blieben in der Stellung liegen. Arbeiter, die kauten, kauten doch nicht. Und die Schafe gingen und kamen keinen Schritt voran. Und der Hirt hob einen Stecken, um die Schafe zu schlagen, und seine Hand blieb oben stehen.

Diese Szene ähnelt der Szene aus dem Märchen, als Dornröschen sich mit der Spindel sticht und das ganze Schloss und alle Tiere und Menschen, die darin leben, in einen tiefen Schlaf fallen.

In der Erzählung des Protevangeliums spinnt Maria den Purpur für den Tempelvorhang. In der Fassung von Jakobus de Voragine webt Maria. Das Motiv des Spinnens findet sich in Dornröschen ebenfalls.

Dornen und Rosen gibt es sowohl im Märchen als auch bei Maria. Das Lied ‚Maria durch ein Dornwald ging' (16. Jahrhundert) singt in der 3. Strophe: „Da haben die Dornen Rosen getragen, als Maria durch den Wald gegangen." Im Märchen tragen die Dornen Rosen, als nach 100 Jahren der Prinz ins Schloss kommt.

Maria im Rosenhag, Tafelbild,
Martin Schongauer, 1473,
St. Martin, Colmar

Ebenso weckt der Altar Maria im Rosenhag von Martin Schongauer (1473) Erinnerungen an Dornröschen: Maria sitzt vor einer blühenden Rosenhecke (s. Abb. S. 138.).

Das Volk hat in den Legenden schöne integre Frauen geschildert, die sehr gläubig sind und für ihren Glauben, ohne zu schwanken, das Martyrium erleiden. So haben die heilige Barbara und die heilige Katharina auf die Ehe verzichtet, um ihr Leben Gott oder Christus zu weihen. Sie erleiden das Martyrium, während Rapunzel und die Frau von König Drosselbart ihren Prinzen finden und eine glückliche Hochzeit feiern. Hier unterscheiden sich die Schicksale der Frauen im Märchen und in den Legenden sehr voneinander.

In der Legende der heiligen Anna erzählt das Volk, erzählen die Laien von einer großen heiligen Frau, die verheiratet ist, die ihrem Mann Joachim und zwei weiteren Männern sehr zugetan ist und drei Töchter zur Welt bringt; bei der zweiten und dritten Tochter handelt es sich um ganz normale Geburten.

Bei der Legende der heiligen Anna steht das Märchen nicht mehr neben der Legende. Die Legende der heiligen Anna hat sich dem Frauenbild des Märchens sehr angenähert. Die heilige Anna ist keine Märtyrerin. Sie ist eine starke Frau, die liebt, die heiratet und Töchter zur Welt bringt, die in einer großen Familie lebt, wie die Frauen im Märchen. Bei der Legende der heiligen Anna ist das Frauenbild dem des Märchens noch näher gekommen als bei Rapunzel und der Legende der heiligen Barbara. Dennoch ist und bleibt Anna eine Heilige.

Es gibt eine inhaltliche Nähe zwischen einigen Heiligenlegende und Märchen. Die Traditionsgeschichte von Legende und Märchen aber ist sehr unterschiedlich.

Die Legenden wurden sehr früh aufgeschrieben. Schon das Protevangelium des Jakobus (um 150 n. Ch.) und später Augustin und Hieronymus sind am Gestalten der Legenden beteiligt. In der Merowinger- und in der Karolingerzeit gab es Schreiber der Heiligenlegenden, die Hagiographen. Und schließlich hat Jakobus de Voragine das große Werk der goldenen Legende geschaffen.

Die Märchen sind mündlich überliefert worden.[3] Über den Zusammenhang von Märchen, Sage und Mythos gibt es viele unterschiedliche Einschätzungen. Den Gebrüdern Grimm kommt das Verdienst zu, dass sie den Märchen nachspüren, sie sich erzählen lassen, Varianten nachgehen und schließlich die Märchen aufschreiben (seit 1806).

Es ist grundsätzlich schwierig, Texte, die in so verschiedenen Zeiten aufgeschrieben sind, zu vergleichen. Andererseits sind die Ähnlichkeiten zwischen Motiven in den Legenden der heiligen Frauen und einigen Märchen so eindeutig, dass ein Vergleich möglich erscheint.

---

[3] Zur Literatur über Märchen s. Artikel ‚Märchen', in: Handwörterbuch des deutschen Aberglaubens, hg. Hanns Bächtold-Stäubli, Bd. 5, Berlin/New York 1987; speziell zur kulturhistorischen Deutung der Märchen Heide Göttner-Abendroth, Die Göttin und ihr Heros, München 1980, S. 145ff.

Eva und die heiligen Frauen

Die Folgen der Gegenüberstellung von Maria und Eva

Sowohl Eva wie die heiligen Frauen haben ihren Platz in der Kirche des Mittelalters. Diese so unterschiedlichen Frauenbilder haben beide Raum in der Kirche, sie treffen in einer Kirche zusammen.

Das Zusammentreffen von Eva mit Maria ist ungünstig für Eva ausgegangen. Wenn Eva der Maria direkt gegenübergestellt wird, fokussiert sich alles Böse auf Eva, auf Maria alles Gute. Durch Eva kommt der Tod, durch Maria das Leben, heißt die Einschätzung in der Kurzformel.

Erst in späteren Erzählzusammenhängen, etwa der Krönung der Maria durch ihren Sohn, findet Eva einen Platz unter den Heiligen, die bei der Krönung anwesend sein dürfen.

Auswirkungen der Verehrung der heiligen Frauen auf Eva und die Frauen.

Auch die heiligen Frauen sind Gegenbilder zu Eva, denn sie werden als Frauen positiv gesehen. Dennoch lassen sie Eva nicht in einem noch ungünstigeren Licht erscheinen.

Während Eva sozusagen an die Sünde gekettet ist, hat die Sünde bei den heiligen Frauen keine grundlegende Bedeutung.

Bei Barbara gewinnt die Sünde insofern ein besonderes Gewicht, weil sich der gläubige Mensch mit seiner Bitte um Vergebung der Sünden an sie wenden kann. Eva hat die Sünde in die Welt gebracht, und Barbara kann Sünden vergeben. So hat Barbara auch Eva von einem Teil ihrer Sündenlast befreit.

Die Legende der Margareta bezieht sich in einem Punkt direkt auf Eva. In der Sterbestunde bittet Margareta Gott darum, dass sich Frauen bei schweren Geburten an sie um Hilfe wenden dürfen. Eine Stimme vom Himmel gewährt ihr diese Bitte.

Für die Schmerzen bei der Geburt macht die Kirche des Mittelalters Eva verantwortlich, denn Gott hat die Schmerzen als Strafe über sie verhängt.

Die Erlösungstat Christi hat hier keine Befreiung gebracht, weil einige Kirchenväter aus der Tatsache, dass auch nach Jesu Tod die Schmerzen bei der Geburt anhalten, schließen, dass Gott seine Strafe nicht aufgehoben hat. Daraus wiederum folgern sie, dass die Frauen weiter unter der Sünde leben.

Dagegen setzt das Volk die Legende der Margareta. Die Legende eröffnet die Möglichkeit, nun gerade auch bei schweren Geburten nicht den strafenden, sondern – durch Margareta vermittelt – den helfenden Gott zu finden.

Die heilige Katharina bittet in ihrer Sterbestunde, dass sich die Menschen in Not an sie wenden können. Auch diese Bitte wird erhört.
Die Kirche macht Eva verantwortlich für alle Not auf Erden. An Katharina nun können sich die Menschen in ihren Nöten wenden – in allen Nöten, auch in Nöten, die die Kirche durch ihr Frauenverständnis den Menschen bereitet.
Alle drei – Barbara, Katharina und Margareta – gehören zu den 14 Nothelfern. Als Nothelfer entlasten sie Eva, weil auch Nöte, für die Eva verantwortlich gemacht wird, gelindert werden.
Frauen haben bei schweren Geburten auch Maria angerufen und bei ihr Hilfe gefunden, obwohl Empfängnis und Geburt bei Maria sich grundlegend von der anderer Frauen unterscheiden.
Die Verehrung des Volkes für Maria, die große Schützende, scheint Grund genug, sich auch bei schweren Geburten vertrauensvoll an sie zu wenden.

Die Rückgewinnung des Apfels bei der heiligen Anna

Anna wird als Anna selbdritt häufig mit einem Apfelkorb dargestellt. Anna hat mit Eva das Symbol des Apfels gemein. Der Apfel bei Anna aber ruft nicht den Apfelraub der Eva in Erinnerung, denn die Äpfel in Annas Hand sind keine geraubten Äpfel. Bei diesen Äpfeln ist keine Übertretung von Gottes Gebot im Spiel. Die Äpfel tilgen auch nicht Evas Sünde. Die Äpfel gehören in die Hand Annas. Es sind ihre Äpfel.
In Anna ist die volle Würde der Frau wiederhergestellt, wodurch auch Eva rehabilitiert ist.
Vom Apfel handelt auch das Märchen von Frau Holle. Es hat wie die Paradiesesgeschichte das Motiv des Apfelpflückens. Den Apfel zu pflücken oder zu schütteln ist hier aber gerade nicht Sünde, sondern es ist das Gebot der Stunde, das Goldmarie beherzigen soll und beherzigt.
Mir ist gut vorstellbar, dass das Volk beim Erzählen der Apfelszene in Frau Holles Garten, die Apfelszene in der Paradiesesgeschichte im Gedächtnis hat.
Goldmarie steht dann dicht neben Eva. In der Paradiesesgeschichte tut Eva dasselbe wie Goldmarie im Märchen: sie pflückt einen Apfel. Aber dadurch erleidet sie das Schicksal der Pechmarie, die sich gerade nicht um die Äpfel kümmert.
Neben Eva sind die heiligen Frauen in der Kirche heimisch. Das Volk erzählt die Legenden der heiligen Frauen so, dass es nicht einstimmt in die Verurteilung der Eva. Es erzählt Elemente der Entlastung Evas.
Das Märchen von Frau Holle stellt sogar eine Rechtfertigung Evas dar. Die Entlastung Evas bewirkt gleichzeitig eine Entlastung aller Frauen.

Für viele Situationen, die für Frauen im Mittelalter schwierig sind, erzählt eine Legende (z.B. die Legende der heiligen Katharina, der heiligen Barbara und der heiligen Margareta) ein positives Gegenbeispiel von einer Heiligen.

Wurzeln der Verehrung heiliger Frauen

Die Verehrung heiliger Frauen, so hat sich gezeigt, hat wesentliche Wurzeln in vor- und außerchristlichen Überlieferungen von Göttinnen. Diese Nähe oder Verwandtschaft wird zuerst beim Brauchtum und den Patronaten der einzelnen heiligen Frauen deutlich, dann aber auch in den Legenden selbst bzw. ihren Erweiterungen und Ergänzungen.

Wenn aber die Mythen der Göttinnen Wurzeln für wesentliche Motive und Inhalte der Heiligenverehrung sind, dann ist es auch nicht verwunderlich, dass diese heiligen Frauen in den Legenden in so positivem Licht erscheinen und von den Künstlern als so makellose Frauen dargestellt werden.

Aus anderen Wurzeln erwachsen die Motive der Jungfräulichkeit und des Martyriums in den Legenden der meisten heiligen Frauen. Beide Motive sind auf Christus und den christlichen Glauben an die Trinität bezogen, sie sind also christlichen Ursprungs.

Die Wurzeln der Verehrung der heiligen Frauen liegen im Volk, das die Legenden erzählt und weitergibt, die Heiligen anruft, seine Nöte und Hoffnungen mit ihnen verknüpft, altes und vertrautes Glaubensgut in die Legenden einbringt, Brauchtum pflegt, tradiert und erweitert.

Heimisch werden die Legenden in der Kirche sowohl durch die mündlichen Erzählungen des Volkes als auch durch die Legendensammlung des Jakobus de Voragine und anderer Hagiographen sowie durch die zahlreichen Prediger, die über die Legenden predigen und sie dadurch verbreiten.

Die Heiligenverehrung hat zahlreiche Künstler inspiriert, die heiligen Frauen darzustellen. Die Künstler schöpfen in großer Freiheit aus dem vorchristlichen Glaubenschatz, sie fügen den heiligen Frauen der Legenden oftmals außerchristliche Symbole bei und interpretieren damit die Frauen so als eigenständige, integre souveräne Frauen.

Die Auswirkungen der Reformation auf die Verehrung der heiligen Frauen

Um 1500 war die Verehrung der heiligen Anna auf ihrem Höhepunkt. Mit der heiligen Anna war ein Frauenbild geschaffen, dass eine verheiratete Frau und Mutter mehrerer Töchter als Heilige verehrte. Auf diese Verehrung der heiligen Anna traf die Reformation.

Die Kirchen der Reformation haben sich von den Heiligen distanziert, allein Christus sollte der Mittler zwischen Gott und den Menschen sein. Mit den Heiligen gehen natürlich auch die heiligen Frauen verloren. Damit wiederum geht der Verlust des so positiven Frauenverständnisses, das in den Legenden tradiert wird, einher.

Indem die verheiratete Frau in den Kirchen der Reformation zum Frauenideal wird, realisiert sich das, was für die Frauen in der Verehrung der heiligen Anna wesentlich ist: Eine heilige Frau muss nicht Jungfrau sein, sie kann wie andere Frauen verheiratet sein und auf natürliche Weise gebären. Mit der Reformation aber verliert die Frau ihren Ort im Heiligen. Der protestantische Himmel kennt Gott Vater, Gott, den Sohn und Gott, den heiligen Geist, aber keine Frauen. Frauen können sich nicht mehr mit heiligen Frauen identifizieren. So verlieren sie einen wesentlichen Anteil am Heiligen.

Zwar ist die verheiratete Frau in den Kirchen der Reformation angesehen, aber vorwiegend nur an der Seite ihres Mannes. Das negative Evabild wird auch in den protestantischen Kirchen nicht überwunden. Das zeigt sich besonders daran, dass die Frau in den Kirchen der Reformation Jahrhunderte lang ebenso wenig Pastorin werden kann wie im Mittelalter. Erst im 20. Jahrhundert wird dieses Amt schrittweise für Frauen geöffnet. Zunächst erhalten nur unverheiratete Frauen die Befähigung zur pfarramtlichen Gemeindearbeit. Erst ab 1969 darf auch die verheiratete Frau Pastorin im Bereich der Lutherischen Kirche werden. Der verheiratete Mann dagegen konnte schon seit der Reformationszeit das Amt des Pastors ausüben, denn die Sexualität des Mannes wird nicht negativ bewertet, wohl aber die der Frau.

Durch die Reformation gewinnt die verheiratete Frau im bürgerlichen Leben an Achtung. Aber Frauen verlieren auch etwas, was ihnen im Leben wichtig war: die Verehrung und Zuflucht zu den heiligen Frauen, die in den Kirchen der Reformation ein Ende findet.

Legenden und die soziale Situation der Menschen

Das positive Frauenbild der Heiligen der Legenden und die Heiligenverehrung verändern im Mittelalter die gesellschaftliche Situation der Frau nicht grundlegend: obwohl Barbara das Sterbeabendmahl bringt, darf die Frau in der Kirche kein Abendmahl konsekrieren, obwohl Katharina überzeugend predigt, darf die Frau nicht Priesterin sein. In Kirche und Gesellschaft bleibt eher das negative Frauenbild dominierend.

Auch wenn die heiligen Frauen die konkrete Alltagssituation der Frauen im Mittelalter nicht verändert haben, glaube ich doch gezeigt zu haben, dass die heiligen Frauen den Frauen und Männern im Mittelalter bei der Bewältigung vieler Alltagsprobleme geholfen haben.

Das Kirchenverständnis der Legenden

Die Legenden, die von heiligen Frauen erzählen, enthalten eine Vision von Kirche, die sich von der realen Kirche an wichtigen Punkten unterscheidet.

Frauen werden nicht nur positiv gesehen, sondern sie haben in der Kirche auch die gleichen Rechte wie Männer: Katharina predigt überzeugend und erfolgreich, Barbara vergibt Sünden, Margareta und Maria helfen bei schweren Geburten, Barbara bringt das Abendmahl zu den Sterbenden.

Ein Papst und Bischöfe legen ihre Ämter nieder und machen sich mit der heiligen Ursula auf den Weg nach Köln. Die Legende der heiligen Ursula tradiert also ein anderes Verständnis von Hierarchie als die Kirche des Mittelalters.

Diese Vision von Kirche hat durch die Legenden einen Platz in der Kirche gefunden. Damit ist ein kleiner Teil der Vision selbst verwirklicht.

Schon im Mittelalter gibt es so etwas wie eine Kirche von unten, eine Kirche der Laien. Das Volk hat das Bild der Kirche mit geprägt. Das ist ermutigend für die Kirchenvolksbewegung, die Kirchentage und für Laien in allen Kirchen von heute.

Legenden und Geschichte

Das Volk schmückt die Legenden der heiligen Frauen facettenreich aus, ja es erfindet sogar die heiligen Frauen. Bei der heiligen Anna steht eindeutig fest, dass sie keine historische Person ist.

Die Entwicklung der Legende der heiligen Ursula lässt vermuten, dass auch sie keine historische Person ist. Die legendenhaften Anteile an den Erzählungen von Barbara, Katharina und Margareta sind so groß, dass zumindest Zweifel an der historischen Faktizität der Personen angebracht sind.

Auf dem Zweiten Vatikanischen Konzil (1964) hat sich die katholische Kirche mit der Neuordnung des Heiligenkalenders befasst. 1969 stimmt Papst Paul VI. einer Neugestaltung des liturgischen Kalenders zu. Heilige, deren legendenhafter Anteil sehr hoch und deren historischer Kern gering oder gar nicht vorhanden ist, werden zurückgestuft. Sie haben keinen gebotenen Gedenktag mehr. Das trifft u.a. auch auf Barbara, Katharina, Margareta und Ursula zu.[4]

Während des Pontifikats von Papst Johannes Paul II. werden dagegen viele historische Personen selig oder heilig gesprochen, wie im Oktober 2003 Mutter Teresa.

---

[4] Joachim Schäfer, Ökumenisches Heiligenlexikon. Leben und Wirken von mehr als 3000 Personen der Kirchengeschichte, Stuttgart 2001, CD.

Die Kritik an den Legenden wegen mangelnder historischer Glaubwürdigkeit setzt schon zu Lebzeiten des Jakobus de Voragine ein, sie dauert über die Jahrhunderte an.

Der Dominikanerorden, der Orden des Jakobus de Voragine, lässt ein Gegenwerk zu der Legendensammlung des Jakobus erarbeiten.

Und Nikolaus von Kues verbietet auf der Synode von Brixen (1455), sich beim Predigen auf die in seinen Augen abergläubischen Geschichten der legenda aurea zu beziehen.[5]

Weit massivere Kritik setzt mit der Reformation ein. Der Protestantismus lehnt die Heiligenverehrung ab, während der Katholizismus sie beibehalten möchte. Er gerät aber durch das reformatorische Denken und das Denken der Humanisten unter Rechtfertigungsdruck.

In der Folgezeit versucht der Katholizismus den Heiligenkult zu fundieren, indem er das Historisch-Biografische herausarbeitet. Die echten Quellen der Legenden werden aufgespürt und gewissenhaft von unechten unterschieden. Der Jesuitenorden beginnt 1643 mit einem Riesenwerk der Acta Sanctorum (Geschichte der Heiligen). In diesem Werk werden mit historischer Kritik alle erreichbaren Fakten aller Heiligen zusammengestellt und auf ihre historische Glaubwürdigkeit hin geprüft.

Humanisten und katholische Theologen nennen die Legenda aurea jetzt Legenda ferrea, die eiserne Legende, ihren Verfasser einen Menschen mit ehernem Mund und bleiernem Herzen.[6]

Die Jahrhunderte dauernde Kritik bewirkt, dass die Legenda aurea lange Zeit als verschollen gilt. Sie wird erst im 19. Jahrhundert langsam wieder entdeckt und zwar durch die Kunstgeschichte.

Der Versuch, die Legenden historisch zu fundieren, wird dem Geist der Legenden nicht gerecht. Die Legenden sind in sich unhistorisch. Sie folgen keinen historischen Gesetzmäßigkeiten, sondern haben spirituelle Ziele. Sie erzählen keine belegbaren Biografien, sondern sie beschreiben den Typus einer Heiligen, eines Heiligen. Auch die Tatsache, dass Jakobus de Voragine die Heiligenlegenden mit ihren festgelegten Festtagen ins Kirchenjahr einordnet, betont die kultische Wiederkehr und wirkt einem historischen Interesse entgegen.

Indem die katholische Theologie die Legenden und die Heiligenverehrung durch historische Fundierung sichern will, zerstört sie gerade den Kern der Legenden.[7] So kommt es schließlich nach Jahrhunderten auf dem Zweiten Vatikanischen Konzil zu der Zurückstufung von Heiligen.

---

[5] Arnold Angenendt, Geschichte der Religiosität im Mittelalter, Darmstadt 1997, S. 233.
[6] Jakobus de Voragine, Die Legenda aurea, Übersetzung von Richard Benz, 13. Aufl., Gütersloh 1999, S. XXVII.
[7] Vgl. Arnold Angenendt, 1997, S. 233f; Jakobus de Voragine, 1999, S. XXVf.

Die Wahrheit einer Legende ist nicht gebunden an die Tatsache, dass ihr Inhalt passiert ist, dass die Personen als historische Personen nachweisbar sind. Die entscheidende Frage der Legenden ist nicht: ist das, was eine Legende erzählt, historisch zu belegen. Die Frage ist: transportieren die Legenden Wahrheit und welche Wahrheit transportieren sie? Bei der Bitte der heiligen Margareta in ihrer Sterbestunde, bei schweren Geburten als Helferin angerufen werden zu dürfen, heißt die Frage nicht: hat es eine Frau gegeben, die in ihrer Sterbestunde diese Bitte geäußert hat, und hat es eine himmlische Stimme gegeben, die ihr diese Bitte gewährt hat? Die Frage heißt: steckt Wahrheit darin, dass Frauen schwere Geburten als Strafe Gottes gedeutet werden sollen, oder steckt Wahrheit darin, dass sie um Gottes willen getröstet und gestärkt werden sollen? Die Legende, die sagt, Frauen soll bei schweren Geburten geholfen werden, transportiert Wahrheit, und diese Wahrheit hat sich, zumindest in Nordeuropa, durchgesetzt.

Legenden werden in einer bestimmten Zeit verankert. Von Barbara wird erzählt, dass sie zur Zeit des Kaisers Maximianus lebte und Katharina soll die Tochter des Königs Costus von Alexandrien gewesen sein. Sie haben also Interesse an einer historischen, einer irdischen Verankerung.

Märchen dagegen verzichten ganz auf eine historische Einbindung. Sie erzählen: Es war einmal ... Trotzdem transportieren auch Märchen Wahrheiten.

Verschiedene Typen von Heiligen müssen unterschieden werden: Es gibt historische Heilige und es gibt Heilige, die nicht historisch zu belegen sind, deren Legenden aber wichtige Wahrheiten über Menschen, über das Leben, über den Tod und über das Heilige weitertragen. Beide Arten von Heiligen sind für uns Menschen wichtig.

In den protestantischen Kirchen ist die Verehrung der heiligen Frauen verloren gegangen, weil für sie allein Christus im Mittelpunkt stehen soll. Die verheiratete Frau ist zum Ideal der Kirchen der Reformation geworden, ohne allerdings das negative Evabild zu überwinden. Die Achtung der Frau bleibt ganz auf den profanen Bereich beschränkt.

Das Heilige im Zusammenhang mit Frauen ist in den protestantischen Kirchen also völlig abhanden gekommen. Der protestantische Himmel kennt keine Frauen.

Die katholische Kirche hat gerade durch den Versuch, die heiligen Frauen der Legenden historisch abzusichern, dazu beigetragen, ihre Verehrung abzuschwächen.

Es wäre ein großer Gewinn, wenn die heiligen Frauen der Legenden wieder entdeckt und ihre Geschichten wieder erzählt würden, wenn sie ganz selbstverständlich wieder zum Erzählgut von Großmüttern, Kindergärten und Schulen werden würden. So könnten Menschen unserer Zeit, katholische wie evangelische, Frauen ebenso wie Männer, diese integren, starken, heiligen Frauen kennen lernen und sich gegebenenfalls mit ihnen identifizieren.

Schluss:
Die Wiederentdeckung der heiligen Frauen als ein Gewinn für uns heute

Christine de Pizan beschreibt in ihrem Werk „Das Buch von der Stadt der Frauen" ihre Leiden als Frau. Aber sie bleibt nicht untätig. Auf Geheiß der drei Frauen, die ihr erschienen sind, gründet sie eine Stadt – die Stadt der Frauen – und stellt sie unter den Schutz Marias. Auch die heilige Katharina und die heilige Margareta wohnen in ihrer Stadt.

Die Stadt der Frauen ist allerdings keine reale Stadt, sondern eine Vision, eine Utopie. Utopien verändern nicht sofort die soziale Situation, aber sie sind wirksam als Hoffnungsträger, und sie verändern das Bewusstsein und geben Kraft.

Die Nonnen im Kloster Lüne haben in ihre Banklaken das Leben der heiligen Katharina gestickt. Sie finden in der Verehrung der heiligen Frauen (auch heilige Männer werden im Kloster verehrt) ein Leben, mit dem sie zufrieden sind. Für sie ist das Kloster wohl so etwas wie das Bollwerk, das Christine in ihrer Stadt erbaut.

Das Kloster selbst ist keine Utopie, sondern Realität, wenn auch nur für wenige Frauen, die unverheiratet bleiben und als Nonnen leben wollen. Gerne möchten die Nonnen in der Reformationszeit weiterhin ihre Heiligen verehren, doch Herzog Ernst der Bekenner will die Reformation in den Klöstern durchsetzen. Die Nonnen kämpfen vehement für ihren alten Glauben. Ihr Widerstand hat 40 Jahre gedauert. Dann setzt sich die Reformation auch im Kloster Lüne durch.[1]

Die ökumenische Frauengruppe aus Lüneburg, von der ich in der Einleitung erzählt habe, hat die Missachtung der Frau teilweise noch selber erlebt. Der Spott und die Erheiterung, die der Timotheusbrief bei den Frauen hervorruft, machen deutlich, dass Schwierigkeiten, denen Frauen noch heute ausgesetzt sind, nicht mehr so krass sind, wie zu Zeiten Christines, und dass sie mit Distanz betrachtet werden.

Die evangelischen Frauen in dieser Gruppe kennen die heiligen Frauen gerade noch dem Namen nach. Sie haben keinerlei Beziehungen zu ihnen.

Katholische Frauen kennen die Legenden, ihnen ist auch noch manch Form der Verehrung bekannt. Sie selber aber haben – jedenfalls in Norddeutschland – auch kaum eine Beziehung zu den heiligen Frauen.

---

[1] J. (Johannes) Meyer, Zur Reformationsgeschichte des Klosters Lüne, in: Festschrift der Gesellschaft für niedersächsische Kirchengeschichte Jg. 14, 1909, S. 162ff.

Die ökumenische Frauengruppe hat sich intensiv mit den heiligen Frauen beschäftigt. Wir haben dabei die heiligen Frauen kennen gelernt und viel für uns entdeckt, und zwar sowohl die Katholikinnen wie die Protestantinnen. Wir haben dabei keinen Unterschied zwischen den Konfessionen erlebt.

Überraschend ist für uns das positive Frauenbild, das sowohl in den Legenden der heiligen Frauen wie in den Patronaten und im Brauchtum zum Ausdruck kommt. Das negative Frauenbild der Kirche war uns bekannt, das positive nicht.

Alle heiligen Frauen sind schön, klug und charakterlich integer. Sie sind glaubensstark, mutig und ohne Furcht vor dem Tod. Alle diese Eigenschaften schätzen wir an ihnen. Wir wissen aber, dass die Kirche all diese Eigenschaften den Frauen absprach.

Es tut uns sehr gut, diese unterschiedlichen Frauen näher kennen zu lernen, sie uns nahe kommen zu lassen.

Katharina beeindruckt uns mit ihrer großen Klugheit. In unserer Gruppe sind Frauen, die in ihren Berufen den Kampf der Frauen um Zugehörigkeit und Gleichberechtigung noch erlebt haben. Dass es noch nicht so lange her ist, dass Frauen zum Studium zugelassen wurden oder Mädchen zur Oberschule gehen durften, erzählen einige von uns immer bei Stadtführungen zu den großen Frauen der Stadt Lüneburg. – Und dann erfahren wir, dass Ursula im Mittelalter Patronin der Universität von Köln und Wien war!

Die Überraschungen gehen weiter. Barbara steht an der Seite der Sterbenden. Sie bringt ihnen das Abendmahl.

Weit voraus ist Barbara uns Frauen auch heute noch in vielen christlichen Kirchen, die Frauen nicht zum Priesteramt zulassen. Auch als Patronin des Bergbaus ist Barbara heutigen Frauen, die in Spitzenpositionen der Wirtschaft nur selten anzutreffen sind, einige Schritte voraus. Die Lüneburger haben Barbara ihren Reichtum, den sie durch Salz erworben haben, gedankt.

Wir heutigen können von den heiligen Frauen manches lernen: von Barbara Rücksicht im Umgang mit der Natur und Dankbarkeit für das, was sie uns gibt. Bäume als Quelle des Lebens und als Geschenk an uns zu verstehen, täte unserer Welt gut.

Margareta, die den Drachen nicht verteufelt, sondern an ihrem Gürtel in die Stadt führt und damit ungefährlich macht, könnte eine Lehrerin in Sachen Friedensarbeit sein.

Ebenso Ursula, die ihr Gelübde um des Friedens willen zurückstellt. In Lüneburg beendet 1371 – nach einer Legende – das bloße Erscheinen der heiligen Ursula vor den Truppen des Herzogs von Braunschweig den Kampf des Herzogs gegen die Stadt Lüneburg. Die Lüneburger können ihre Stadt seit der Ursulanacht selbst verwalten und ihren ganzen Reichtum selber nutzen. Sie danken es der heiligen Ursula über 300 Jahre mit Dankgottesdiensten in der St. Johanniskirche, also auch noch lange Zeit nach der Reformation. Wir finden, dass das eine gute Tradition ist. Wir haben in der Johanniskirche im Jahr 2004 wieder einen Gottesdienst am Ursulatag gefeiert.

Überrascht hat uns, wie die Legenden in der Kirche des Mittelalters erzählt und verstanden wurden: die Anerkennung heiliger Frauen, die der Hierarchie ebenso wichtig ist wie dem Volk. Nicht nur Priester haben wichtige Aufgaben in der Kirche, auch Frauen und Laien. Das klingt nach einer Kirche von unten. Der Begriff Volkskirche und Kirchenvolksbewegung hat eine ganz neue Bedeutung bekommen.

Unterschiedlich nahe sind uns die heiligen Frauen gekommen.

Wie nahe sie uns sind!, sagt eine, ja wie Schwestern sind sie mir, sagt eine andere.

Noch facettenreicher werden die Berührungen, wenn die einzelnen Göttinnen dazu kommen, aus deren Tradition die Legenden der heiligen Frauen schöpfen.

Über Barbara lernen wir die Baumgöttin kennen, sie gewinnt Leben. Über Anna lernen wir Demeter und Kore kennen. – Die griechischen Göttinnen kannten wir aus der Schulzeit. In der Schule waren sie uns immer irgendwie lächerlich gemacht worden. – Jetzt sind sie uns Schwestern. Und es ist gut, sie als Schwestern zu haben. Der Lebensradius wird weiter mit ihnen, wir werden toleranter durch sie.

Und neben all den starken heiligen Frauen lernen wir Eva näher kennen, Eva, die über die Jahrhunderte hinweg nur negativ gesehen worden ist. Es ist gut, Eva neu zu entdecken – als Braut, als Heilige, als Mutter aller Lebenden, als unsere Schwester.

Neben der zweiten Schöpfungserzählung, in der Eva als zweite nach Adam erschaffen wird, und die den Apfelraub erzählt, geht uns die Bedeutung der ersten Schöpfungserzählung auf. Sicher kennen wir diese Erzählung, die die Schöpfung in sieben Tagen schildert. Dass aber diese Erzählung gar keinen Sündenfall kennt, dass sie beide, Frau und Mann, als Gottes Geschöpfe, nach seinem Bilde geschaffen und mit Gottes Segen ins Leben geschickt, versteht, setzt Eva in ein anderes Licht.

Frau und Mann sind nach dem Bilde Gottes geschaffen. Ebenbild Gottes ist somit eine grundlegende Aussage über Mann und Frau.

Wenn von der Frau und dem Mann angemessen gesprochen werden soll, dann muss ihre Ebenbildlichkeit bedacht werden. In der protestantischen Tradition stehen aber nur männliche Gottesbilder zur Verfügung: Gott Vater, Gott Sohn. Mit den Bildern des Vaters und des Sohnes kann vom Mann angemessen geredet werden, nicht aber von uns Frauen. Wir Frauen sind weder Vater noch Sohn, sondern Mutter und Tochter.

Die Legenden der heiligen Frauen entfalten weibliche Gottesbilder. Maria ist Mutter, aber eine ganz besondere Mutter, der keine irdische Mutter gleich sein kann. Die Legende der heiligen Anna betont die Gottesbilder der Mutter und

Tochter und gibt so – bis heute – die Möglichkeit, mit dem Bild der Mutter und Tochter angemessener von Frauen als Ebenbildern Gottes zu reden.

Mit den heiligen Frauen haben viele Frauen einen Platz im Heiligen. Das ist besonders für evangelische Frauen wichtig, denn im protestantischen Himmel gibt es keine Frauen. Katholische Frauen haben Maria, auch wenn Maria eine Frau ist, der keine Frau gleichen kann. Die heiligen Frauen jedoch eignen sich als weibliche Gottesbilder, haben sie doch mit uns vieles gemeinsam.

Wenn wir Frauen die heiligen Frauen wieder entdecken, können wir selbst einen Platz im Heiligen finden, denn wir haben mit den heiligen Frauen Identifikationsfiguren im Heiligen. Zusätzlich zum Profanen bekommen wir Anteil am Heiligen, das trägt zu unserer Emanzipation bei.

Anna ist für die Frauen und Männer des Mittelalters gegen Ende des 15. Jahrhunderts die alles überragende große Heilige. Auch für uns wird sie die wichtigste. Die Entdeckung des Korbes voller Äpfel machte uns neugierig auf die heilige Anna. Die Tradition hat Eva das Pflücken des Apfels als Beginn der Erbsünde angerechnet und als Grund dafür, dass das Paradies verloren ging. Nun entdecken wir Anna mit einem Korb voller Äpfel. Es sind Annas Äpfel, keine geraubten Äpfel, und Anna verteilt die Äpfel.

Den Apfel wollen wir uns nicht madig machen lassen, und wir wollen uns ihn nicht wieder nehmen lassen.

Literatur

Alexandre, Monique, Frauen im frühen Christentum, in: Georges Duby/Michelle Perrot, Geschichte der Frauen, Antike, Hg. Pauline Schmitt Pantel, Frankfurt/New York 1993, S. 451ff
Althaus-Reid, Marcella, Maria. Die Last der Reinheit. Die Auslandsschulden der Mariologie, in: Schlangenbrut, zeitschrift für feministisch und religiös interessierte frauen, 21. Jg., 2003
Angenendt, Arnold, Geschichte der Religiosität im Mittelalter, Darmstadt 1997
Appuhn, Horst, Bildstickereien des Mittelalters in Kloster Lüne, 3. Aufl., Dortmund 1983
Augustin, Aurelius, Bekenntnisse, Zürich/Stuttgart 1950

Bauer, Wolfgang/Dümotz, Irmtraud/Golowin, Sergius /Röttgen, Herbert, Lexikon der Symbole, Melzer Dreieck 1980
Bäumer, Remigius/Scheffczyk, Leo (Hg.), Marienlexikon, 6 Bde., hg. im Auftrag des Institutum Marianum Regensburg, St. Ottilien 1988ff
Beilmann, Christel, Eva, Maria, Erdenfrau. Der Verrat an den Frauen durch Kirchen und Theologien, Wuppertal 1999
Beinert Wolfgang/Petri, Heinrich (Hg.), Handbuch der Marienkunde, 2 Bde., Regensburg 1996
Biblia Sacra iuxta Vulgatam Clementinam, Tertia Editio, Matrti MCMLIX
Bingen, Hildegard von, Scivias – Wisse die Wege. Eine Schau von Gott und Mensch in Schöpfung und Zeit, Übersetzt und herausgegeben von Walburga Storch OSB, Augsburg 1997
Boeck, Urs, Der Dom zu Bardowick. Grosse Baudenkmäler, Heft 280, 9. Aufl., München/Berlin 1991
Boff, Leonardo, Das mütterliche Antlitz Gottes. Ein interdisziplinärer Versuch über das Weibliche und seine religiöse Bedeutung, Düsseldorf 1985
Bötel, Brigitte, Albrecht Dürer 1471–1528. Das Marienleben, Landesgalerie Dezember 1985, Februar 1986
Braun, Josef, Tracht und Attribute der Heiligen in der deutschen Kunst 1943, 428 Abb., Stuttgart, Nachdruck 1964
Brüder Grimm, Kinder- und Hausmärchen, Stuttgart 1980
Burguière, André/Klapisch-Zuber, Christiane/Segalen, Martine/Zonabend, Francoise (Hg.), Geschichte der Familie, 2, Mittelalter, Frankfurt 1997

Ciecholewski, Roman, Quis ut Deus. Schätze aus dem Diözesanmuseum Pelpin. Kunst zur Zeit des Deutschen Ritterordens, Lüneburg 1992

Dalarun, Jaques, Die Sicht der Geistlichen, in: Duby, Georges/Perrot, Michelle, Geschichte der Frauen, Mittelalter, Frankfurt/New York 1993, S. 29
Dehio, Georg, Handbuch der Deutschen Kunstdenkmäler, Band Bremen Niedersachsen, München 1977
Delius, Walter, Geschichte der Marienverehrung, Basel 1963
Delpy, Egbert, Die Legende von der heiligen Ursula in der Kölner Malerschule, Köln 1910
Denkmalpflege in Lüneburg, Lüneburg 2002, Hg. Lüneburger Stadtarchäologie e.V.
Die Bibel mit Apokryphen, nach der Übersetzung von Martin Luther, Stuttgart 1985
Dörfler-Dierken, Angelika, Die Verehrung der heiligen Anna in Spätmittelalter und früher Neuzeit, Göttingen 1992
Drewermann, Eugen/Neuhaus, Ingritt, Frau Holle. Grimms Märchen tiefenpsychologisch gedeutet, 9. Aufl., Freiburg (Brsg.) 1992

Duby, Georges/Perrot, Michelle, Geschichte der Frauen, Antike, Hg. Schmitt, Pauline, Frankfurt/New York 1993
Duby, Georges/Perrot, Michelle, Geschichte der Frauen, Mittelalter, Hg. Klapisch-Zuber, Christiane, Frankfurt/New York 1993

Ebach, Jürgen, Schöpfung in der hebräischen Bibel, in: Altner, Günter (Hg.), Ökologische Theologie. Perspektive zur Orientierung, Stuttgart 1989, S. 98-129
Ebeling, Gerhard, Das Wesen des christlichen Glaubens, Tübingen 1961
Ehlert, Trude (Hg.), Haushalt und Familie in Mittelalter und früher Neuzeit, Wiesbaden 1997
Elm, Kaspar, Die Stellung der Frau im Ordenswesen. Semireligiosentum und Häresie zur Zeit der Heiligen Elisabeth, in: Sankt Elisabeth. Fürstin, Dienerin, Heilige, Sigmaringen 1981
Ennen, Edith, Frauen im Mittelalter, 2. Aufl., München 1985
Eltrop, Bettina/Janssen, Claudia, Das Protevangelium des Jakobus. Die Geschichte Gottes geht weiter, in: Kompendium Feministische Bibelauslegung, hg. von Schottroff, Luise/Wacker, Marie-Theres, Gütersloh 1998
Esche, Sigrid, Adam und Eva, Sündenfall und Erlösung, Düsseldorf 1957

Ferrari, Jean/Grätzel, Stephan (Hg.), Spiritualität im Europa des Mittelalters, St. Augustin 1998
Fester, Richard, Das Protokoll der Sprache, in: Weib und Macht. Fünf Millionen Jahre Urgeschichte der Frau, Frankfurt/M. 1991, S. 79ff
Fester, Richard, Protokolle der Steinzeit, Kindheit der Sprache, Berlin 1974
Frazer, George, Der goldene Zweig. Das Geheimnis von Glaube und Sitten der Völker, Reinbeck bei Hamburg 1989
Frommer, Hansjörk, Spindel Kreuz und Krone. Herrscherinnen des Mittelalters, Karlsruhe 1993

Gatz, Erwin, St. Anna in Düren, Mönchengladbach 1972
Gmelin, Hans Georg, Spätgotische Tafelmalerei in Niedersachsen und Bremen, München/Berlin 1974
Goetz, Hans-Werner, Leben im Mittelalter, 2. Aufl., München 1986
Göttner-Abendroth, Heide, Die Göttin und ihr Heros, 10. Aufl., München 1993
Gössmann, Elisabeth, Die Verkündigung an Maria im dogmatischen Verständnis des Mittelalters, München 1957
Gössmann, Elisabeth u.a. (Hg.), Wörterbuch der feministischen Theologie, Gütersloh 1991
Gössmann, Elisabeth, Religiös-Theologische Schriftstellerinnen in: Duby, Georges/Perrot, Michelle, Geschichte der Frauen, Mittelalter, Hg. Klapisch-Zuber, Christiane, Frankfurt/New York 1993, S. 495-510
Gössmann, Elisabeth, Sinne, Seele, Geist. Zur makro-mikrokosmischen Anthropologie Hildegards von Bingen, in: Pissarek-Hudelist, Herlinde/Schottroff, Luise (Hg.), Mit Allen Sinnen Glauben. Feministische Theologie unterwegs. Für Elisabeth Moltmann-Wendel zum 65. Geburtstag, Gütersloh 1987, S. 115ff
Gotteslob, Katholisches Gesangbuch, Hildesheim, 1996
Grimme, Ernst Günther, Unsere Liebe Frau. Das Bild Mariens in der Malerei des Mittelalters und der Frührenaissance, o. Ort und o. Jahr (Köln 1968)
Guldan, Ernst, Eva und Maria. Eine Antithese als Bildmotiv, Graz/Köln 1966

Hasse, Max, Maria und die Heiligen im protestantischen Lübeck, in: Nordelbingen, Beiträge zur Kunst- und Kulturgeschichte 34, 1965
Heiligendorff, Wolfgang, Der keltische Matronenkult und seine Fortentwicklung im deutschen Mythos, Leipzig 1934
Heisig, Karl, Woher stammt die Vorstellung vom Paradiesesapfel?, in: ZNW 44, 1952/53

Heussi, Karl, Kompendium der Kirchengeschichte, 12. Aufl., Tübingen 1956
Hinterbergers, Benedicta, St. Ursula, in: Frauenkirchenkalender, Schwerin 2002

Jöckle, Clemens (Hg.), Das große Heiligen-Lexikon, München 1995
Jung, Carl Gustav, Antwort auf Hiob, Zürich 1952

Keel, Othmar/Schroer, Silvia, Schöpfung. Biblische Theologien im Kontext altorientalischer Religionen, Freiburg (Schweiz) Göttingen 2002
Keller, Werner, Die Bibel hat doch recht, Düsseldorf 1978
Keller, Hiltgart L, Reclams Lexikon der Heiligen und der biblischen Gestalten. Legende und Darstellung in der bildenden Kunst (Reclams Universalbibliothek 10154-60), Stuttgart 1968
Kleinschmidt, Beda, Die Heilige Anna. Ihre Verehrung in Geschichte, Kunst und Volkstum, Düsseldorf 1930
Kerenyi, Karl, Die Mythologie der Griechen, 2 Bde., München 1966 und 16. Aufl., München 1994
Kirnbauer, Franz, St. Barbara in der Kunst, Wien 1952
Knippenkötter, Anneliese (Hg.), Maria eine von uns. Frauengottesdienste, Düsseldorf 2003
Der Koran, Übersetzt von Rudi Paret, Stuttgart/Berlin/Köln/Mainz 1979
Krumwiede, Hans-Walter, Die Schutzherrschaft der mittelalterlichen Kirchenheiligen in Niedersachsen, in: GNKG 58, 1960, S. 23-40
Kufner, Lore, Getaufte Götter. Heilige zwischen Mythos und Legende, München 1992
Küppers, Leonhard, Katharina, Recklinghausen 1965
Kutter, Erni, Der Kult der drei Jungfrauen, München 1997

Lambotte, Paul, Hans Memling. Der Meister des Schreins der heiligen Ursula, Wien 1939
Lapide, Ruth/Flemmer, Walter, Kennen Sie Adam, den Schwächling? Ungewöhnliche Einblicke in die Bibel, Stuttgart 2003
Leder, Hans-Günter, Arbor scientiae. Die Tradition vom paradiesischen Apfelbaum, in: ZNW 52, 1961
Leisch-Kiesl, Monika, Eva als Andere. Eine exemplarische Untersuchung zu Frühchristentum und Mittelalter, Köln/Weimar/Wien 1992
Lessing, Ingrid, Göttin statt Gott – Vater? Die neuen Gottesbilder des 12. und 14. Jahrhunderts und die religiöse Frauenbewegung im Mittelalter, Dortmund 1993
Levison, Wilhelm, Das Werden der Ursulalegende, Köln 1928
Lorenz-Leber, Angela, Kloster Lüne, Königstein im Taunus 1991

Maniurka, Peter Paul, Mater Matris Domini. Die heilige Anna Selbdritt in der gotischen Skulptur Schlesiens, Altenberge 2001
Mann, Nicholas R., Glastonbury Tor. A Guide To The History And Legends, Glastonbury 1986
Matthaei, Georg, Die Vikariestiftung der Lüneburger Stadtkirchen im Mittelalter und im Zeitalter der Reformation, Göttingen 1928
Meier-Seethaler, Carola, Von der göttlichen Löwin zum Wahrzeichen männlicher Macht. Ursprung und Wandel großer Symbole, Zürich 1993
Meyer, J. (Johannes), Zur Reformationsgeschichte des Klosters Lüne, in: Zeitschrift der Gesellschaft für niedersächsische Kirchengeschichte, Jg. 14, 1909, S. 162-221
Meyne, Willy, Lüneburger Plastik des XV. Jahrhunderts, Lüneburg 1959
Möller, Bernd, Geschichte des Christentums in Grundzügen, Göttingen 1965
Moltmann-Wendel, Elisabeth, Ein eigener Mensch werden. Frauen um Jesus, 5. Aufl., Gütersloh 1985

Moltmann-Wendel, Elisabeth/Schwelien, Maria/Stamer, Barbara, Erde Quelle Baum. Lebenssymbole in Märchen, Bibel und Kunst, Stuttgart 1994
Morgenstern, Christian, Alle Galgenlieder, Wiesbaden 1947
Mrazek, Wilhelm/Schmid, Alfred A./Schnell, Hugo, Bd. 1-4 Allgemeine Ikonographie Herder, 1968-72, Bd. 5-8 Ikonographie der Heiligen, 1973-76
Mussbacher, Norbert, Die Marienverehrung der Cistercienser, 2. Aufl., Köln 1977

Natalis, Gottfried (Hg.), Das Weihnachtsbuch der Lieder. Mit alten und neuen Liedern zum Singen und Spielen, 5. Aufl., Frankfurt 1975
Neumann, Erich, Die Grosse Mutter. Eine Phänomenologie der weiblichen Gestaltung des Unbewussten, 10. Aufl., Solothurn/Düsseldorf 1994

Osterhausen, Fritz von, St. Nicolai Lüneburg. Grosse Baudenkmäler, Heft 342, 6. Aufl., München/Berlin 1996
Otto, Rudolf, Das Heilige. Über das Irrationale in der Idee des Göttlichen und sein Verhältnis zum Rationalen, München 1979 und 1991 (Nachdruck)

Peine, Selmar, St. Barbara, die Schutzheilige der Bergleute und der Artillerie und ihre Darstellung in der Kunst, Freiberg 1896
Pelikan, Jaroslav, Maria. 2000 Jahre in Religion, Kultur und Geschichte, Freiburg (Brsg.) 1999
Pernoud, Regine, Hildegard von Bingen. Ihre Welt – Ihr Wirken – Ihre Vision, Freiburg (Brsg.) 1996
Pissarek-Hudelist, Herlinde/Schottroff, Luise (Hg.), Mit allen Sinnen glauben. Feministische Theologie unterwegs. Für Elisabeth Moltmann-Wendel zum 65. Geburtstag, Gütersloh 1991
Pizan, Christine de, Das Buch von der Stadt der Frauen, 3. Aufl., München 1990
Posener, Alan, Maria, Reinbeck bei Hamburg 1999
Prinz, Friedrich, Das wahre Leben der Heiligen. Zwölf historische Portraits von Kaiserin Helena bis Franz von Assisi, München 2003
Publik Forum, Sonderheft Maria. Ich sehe dich in tausend Bildern, Oberursel, Hg. Leserinitiative e.V. durch Dieter Grohmann u.a., o. Jahr

Rad, Gerhard von, Das erste Buch Mose. Das Alte Testament Deutsch, Göttingen 1961
Radford Ruether, Rosemarie, Gaia & Gott. Eine ökofeministische Theologie der Heilung der Erde, Luzern 1994
Ranke-Graves, Robert, Griechische Mythologie. Quellen und Deutung, Reinbeck bei Hamburg 1994
Reinecke, Wilhelm, Geschichte der Stadt Lüneburg, 2. Bde., Lüneburg, 1933
Riedel, Ingrid, Frau Holle, Goldmarie und Pechmarie, Zürich 1995
Rönnebeck, Kurt, Kirchenführer St. Marienkirche, Stendal 1993
Ruether, Rosemary, R., Frauenbilder – Gottesbilder, Gütersloh 1987
Ruether, Rosemary, R., Gaia & Gott. Eine ökofeministische Theologie der Heilung der Erde, Luzern 1994
Rüttner-Cova, Sonja, Frau Holle, die gestürzte Göttin. Märchen, Mythen, Matriarchat, Basel 1986 und 3. Aufl., Basel 1993

Schäfer, Joachim, CD-Rom, Ökumenisches Heiligenlexikon. Leben und Wirken von mehr als 3000 Personen der Kirchengeschichte, Stuttgart 2001
Schaumkell, Ernst, Der Kultus der heiligen Anna am Ausgang des Mittelalters. Ein Beitrag zur Geschichte des religiösen Lebens am Vorabend der Reformation, Freiburg (Brsg.) 1893
Schmidt, Margarete, Warum ein Apfel, Eva? Die Bildsprache von Baum, Frucht und Blume, Regensburg 2000

Schmitt, Otto (Hg.)/Gall, Ernst/Heydenreich, Ludwig Heinrich/Frhr. von Erfa, Hans Martin/ Wirth, Karl-August, Reallexikon zur deutschen Kunstgeschichte, Bd. 1, Stuttgart 1937-73
Schöll, Hans Christoph, Die drei Ewigen. Eine Untersuchung über den germanischen Bauernglauben, Jena 1936
Schöpsau, Walter (Hg.), Mariologie und Feminismus (Bensheimer Hefte), Göttingen 1985
Schottroff, Luise, Lydias ungeduldige Schwestern, 2. Aufl., Gütersloh 1996
Schottroff, Luise/Wacker, Marie-Theres (Hg.), Kompendium Feministische Bibelauslegung, Gütersloh 1998
Schottroff, Luise/Schottroff, Willy (Hg.), Mitarbeiter der Schöpfung. Bibel und Arbeitswelt, München 1983
Schreiber, Georg, Der Bergbau in Geschichte, Ethos und Sakralkultur, Köln/Opladen 1962
Schreiner, Klaus, Maria. Jungfrau, Mutter, Herrscherin, München 1994
Schüssler Fiorenza, Elisabeth. Zu ihrem Gedächtnis, 2. Aufl., Gütersloh 1993
Sölle, Dorothee, Atheistisch an Gott glauben, Olten 1968
Sölle, Dorothee, lieben und arbeiten. Eine Theologie der Schöpfung, Stuttgart 1985
Spendel, Aurelia, Auf dem Weg des Lebens. Mit heiligen Frauen durch das Jahr, Düsseldorf 2002
Der Spiegel, Nr. 52, Hamburg 2002
Bächtold-Stäubli, Hanns (Hg.), Handwörterbuch des deutschen Aberglaubens, Bd. 1ff, Berlin/ New York 1987ff
Stankowski, Martin, Köln. Der andere Stadtführer, Bd. 2 (Volksblatt Köln 1989)
Ströter-Bender, Jutta, Heilige. Begleiter in göttliche Welten, 1. Aufl., Stuttgart 1990

Voigt, Martin, St. Johanniskirche Lüneburg, DKV-Kunstführer Nr. 334/1, 6. völlig neu bearbeitete Aufl., München/Berlin
Volger, Wilhelm, Die St. Ursulanacht, Lüneburger Neujahrsblatt 1856
De Voragine, Jakobus, Die Legenda Aurea, Übersetzung von Richard Benz, 13. Aufl., Gütersloh 1999:
Margareta, S. 356-59
Martha, S. 395-98
Von der Geburt Mariae, S. 520-29
Michael, S. 571-80
Von den elftausend Jungfrauen, S. 620-24
Katharina, S. 704-11

Walker, Barbara G., Das geheime Wissen der Frauen, Frankfurt 1993
Walker, Barbara G., Die geheimen Symbole der Frauen. Lexikon der weiblichen Spiritualität, München 1997
Warner, Marina, Maria: Geburt, Triumph, Niedergang – Rückkehr eines Mythos? München 1982
Weidinger, Erich, Die Apokryphen. Verborgene Bücher der Bibel, Augsburg 1993
Weiler Gerda, Ich brauche die Göttin. Zur Kulturgeschichte eines Symbols, Königstein 1997
Welker, Klaus (Hg.), Heilige in Geschichte, Legende, Kult. Beiträge zur Erforschung volkstümlicher Heiligenlegenden, in: Internationale Bibliographie zur Geschichte der deutschen Literatur, München 1969, S. 537-643
Westermann, Claus, Schöpfung, Stuttgart/Berlin 1971
Westermann, Claus, Am Anfang. 1. Mose, Teil 1, Neukirchen Vluyn 1986
Winkler, G.B. (Hg.), Bernhard von Clairvaux, Sämtliche Werke lateinisch-deutsch, 1992, Bd. 1-3

Winter, Urs, Frau und Göttin. Exegetische und ikonographische Studien zum weiblichen Gottesbild im Alten Israel und in dessen Umwelt, Freiburg (Schweiz) 1983
Wyeth, Romey, Stonehenge: The Dragon Path and the Goddess, Bradford on Avon 2000

Yapp, Nick, Lebensalltag im Mittelalter, London 1995

Zarnt, Heinz, Glauben unter leeren Himmel, München 2002
Zehnder, Frank Günther, Sankt Ursula. Legende – Verehrung – Bilderwelt, Köln 1985
Zender, Matthias, Die Matronen und ihre Nachfolgerinnen im Rheinlande, in: Gestalt und Wandel, Bonn 1977
Zingsem, Vera, Lilith. Adams erste Frau, 1. Aufl., Leipzig, 2000

➤ ➤ ➤ Unsere Buchtipps !

➤ Beuth, Kirsten/Joswig, Benita/Matthiae, Gisela (Hg.)
Der Sprung in der Schüssel.
Künstlerinnen und Theologinnen im Austausch
Schriftenreihe des Frauenstudien- und -bildungszentrums der EKD, Band 1,
200 S., 14 s/w und 18 Farbabb., ISBN 3-8255-0380-1, 24,50 €

➤ Beuth, Kirsten / Dorgerloh, Annette / Müller, Ulrike (Hg.)
Ins Machbare entgrenzen ...
Utopien und alternative Lebensentwürfe von Frauen
Schriftenreihe des Frauenstudien und -bildungszentrums der EKD, Bd. 2,
186 S., 8 Abb., ISBN 3-8255-0484-0, 15,50 €

➤ Beer, Ulrich / Burmann, Ernst (Hg.)
Jeden Morgen neu. Die Bibel in 366 Tagesthemen
Lebensformen, Bd. 31, 2. Aufl., 384 S., ISBN 3-8255-0500-6, 24,90 €

➤ Burmann, Ernst:
Rose und Balsam und Moschus.
Eine ökumenische Utopie (Ein Roman)
Lebensformen, Bd. 17, 332 S., ISBN 3-8255-0489-1, 15,90 €

Kroll, Renate
Bibliographie der deutschsprachigen Frauenliteratur 2004.
Belletristik – Sachbuch – Gender Studies
Bibliographie der deutschsprachigen Frauenliteratur, Bd. 10, 2007,
150 S., ISBN 3-8255-0674-6,
18,50 €

Die jährlich erscheinende Bibliographie erfaßt die von Frauen im deutschsprachigen Raum publizierten Texte: Romane, Erzählungen, Essays, (Auto-) Biographien, Tagebücher, Briefe, Lyrik, Beiträge zu Kunst, Musik, Theater, Film, Fachliteratur im Bereich der Geistes-, Sozial-, Geschichts- und Kulturwissenschaften. Die Bibliographie stellt den dringend notwendigen Anschluß an vergleichbare Verzeichnisse in anderen Ländern her. Sie ist ein unentbehrliches Nachschlagewerk für Bibliotheken, Buchhandlungen und WissenschaftlerInnen sowie für alle an Frauenliteratur Interessierte.

Besuchen Sie
unsere Internetseite !

➤ ➤ ➤ www.centaurus-verlag.de